カバー・本文デザイン／志村 謙（バナナグローブスタジオ）
編集協力／弓手 一平（ふみぐら社）
カバー写真提供／株式会社ダブルエム

はじめに　――幸せになるためにがんばるのではなく、幸せだからがんばれる

美容業界は人が育たない――。

そんな話を幾度となく聞かされてきました。一日中、立ち仕事。技術はもちろん、お客さまの印象を左右する髪を扱う細心さが必要とされ、店の売り上げ目標は高いのに美容師の給与水準は低く、スタッフの離職率は常に高い。

そのため店に人が定着せず、常に採用と教育に追われているというのは一面では事実です。なぜそう言い切れるのか。

かつて僕の店がそれに近かったからです。昔の僕は、絵に描いたように自分しか見えていないオーナー経営者でした。

技術が高ければお客さまは来てくれるだろう。仕事がキツくても他より高い給料を払えばスタッフもついてくるだろう。信賞必罰で成果を出した者を持ちあげれば、みんながそこを目指すだろう。大勘違いもいいところでした。人の気持ちを知ろうともしない自分勝手な経営に、ある日ノーを突き付けられたのです。

多額の融資を受けて新規出店を果たした直後、幹部クラスのスタッフが何十人も一斉

に店を辞め、たちまち経営は立ち行かなくなり、窮地に陥りました。

そのとき、残ったスタッフが僕にこう言いました。

「先生、ここからやり直しましょう」

スタッフはその危機を自分事として捉えていたのです。こんなダメな経営者なのに、そこを糾弾するのでもなく「これは自分たちの問題でもあるんだから、ここからどうするか何ができるかみんなで考えよう」と。涙が出ました。

そこから、ようやく「みんなのバグジー」として、何を目指すか、そのために何をするかをスタッフみんなで考え、追い求めていく「本当の経営」が始まりました。

「本当の経営」というのは、経営者だけが考えてやるものではないんです。僕はそれをみんなから教えてもらいました。

会社、つまり組織を運営していく上で大事なことが3つあると言われています。

ひとつは「業績」。仕事が回り、収益が上がらないことには組織は存続できません。これは誰もが考えることです。では、「業績」がいちばん大事かというとそうではない。3つあるうちの3番目に大切なことなのです。

それよりも、大切なものは何だと思いますか？　業績の原資である「人」（人財育成）です。どんな組織も人がちゃんと育っていないことには、質を上げることも継続していくこともできないのです。

では、どうすれば人財育成がうまくいくようになるのか。この答えを持っているのが「風土」（社風づくり）。農業をやってる人に「農業で何がいちばん大事？」と聞くと、決まってみんなこう言います。「いい土をつくることだね」と……。土が良くないのに、いくらいい苗を植えても、肥料を与えても作物は育たない。人も同じなんですね。「風土」は会社や組織に置き換えると「社風」です。人が育っていく「社風」をつくることが何よりもいちばんにくる大事なことなんです。

ですから、会社で大切な３つのことは、

①　**風土づくり**　↓
②　**人財育成**　↓
③　**業績をあげる**

なのです。

いい環境をつくって、そこで余計なストレスなく育った人がいい仕事をしてお客さまをハッピーにする。その結果が業績です。この３つは順序がとても大事です。

逆だと絶対うまくいかない。まずは業績第一で、業績が上がれば人を育てて、環境はその後だっていうのは無理なんです。自然の摂理から考えてもおかしい。

なのに、ちゃんと人が育つ環境もつくらず、いい人財が欲しい、業績も上げたいという経営者や経営幹部が結構世の中にはいます。

職場には「お客さまを満足させよう」「お客さまの感動が私たちの喜び」なんてスローガンが掲げられていても、毎日のミーティングや会議では「今日の売上目標は」「前年対比で何パーセント」みたいな話ばかり。これではうまくいきません。

ＣＳ（顧客満足）は業績に結びつかないと言われるのは、そもそもそんなふうに言ってることとやってることが違うからです。ＣＳが自動車の後輪だとしたら、前輪はやっぱり人がちゃんと育っていること、仕事を楽しめていること。そこが機能していないと前には進まないいんです。

僕はいつも言うのですが、幸せになるために仕事をがんばるのではなく「幸せだから仕事ががんばれる」ほうが自然。仕事ががんばれる幸せな環境を経営者や経営幹部が、いかにつくれるかということが肝心なんです。

どんな業種でも、経営がうまくいっていない人は「経営環境が厳しい」「人が続かない、足りない」「お客さまのニーズと合わない」「トラブル続き」など、いろんなことを言います。でも、そんなことを言ってる時点でズレてるんだと気づいてほしい。

問題は「問題をどうとらえるか？」が問題なのです。

経営の根本は人。スタッフが育つ風土、ここで仕事ができるのが幸せだと思える環境がつくれていないから、結果として経営上のさまざまな問題が生じてるわけです。

もちろん、どんなにいいスタッフがいても経営上の問題は起こります。でも、そんなときでも人がちゃんと育っていたら、その問題すら「いい機会」にして、またさらに上のレベルに上がれるんです。

僕たちもそうやって、どん底から這い上がり、19年連続増収増益という会社をみんなでつくることができました。

なぜ、そうなれたのか。僕は即答できます。

人が育つことをやってきたからです。究極それしかやってないと言ってもいいぐらい。大事なのは「人を育てる」ではないところ。「育てる」なんておこがましい。できないです。僕にできるのは「人が育つ」環境をつくることだけ。

人が育つ環境とはどういうものなのか。試行錯誤しながら〝土〟をつくり、そこでみんなにいろんなことに挑戦してもらって、ときには大失敗し、ときにはものすごいミラクルな成功もして、その中でバグジー流の「幸せ」をつくれる人が育ってきました。

30年間続く会社が5000店に1店、0・02%しかないと言われる中で、30年以上続けてこられたのは「人ってこうやって育っていくんだ。そのためにはこんな環境があればいいいんだ」というものを見つけられたからです。

この本では、僕がそうやって見つけた「人が育つ64のゴールデンルール」を全部お見せします。

64というと「多い」と思われるかもしれませんが、基本は8個です。その8個のキーワードを分解すると、それぞれまた8個の小項目になるので8×8で64というだけ。

ベースになるのは「マンダラチャート」というマス目です。9マスの中心に「人が育つ」という目標（ゴール）を置き、その周囲の8マスに「人が育つために必要な条件」を考えて配置。そして今度は、「人が育つために必要な条件」8個について、それぞれ何をすればいいか、何が大事かをまた8個考えていきます。

この「マンダラチャート」は、株式会社クローバ経営研究所の松村寧雄氏が考案したフレームワークで、メジャーリーグで世界を驚かせる活躍をしている大谷翔平選手が活用したことでも話題になりました。大谷選手が花巻東高校時代に当時の佐々木監督の指導で取り組み、高校1年の時点で「ドラフト1位8球団」という目標を「マンダラチャート」の中心に置いて、そのために必要な要素とやるべきこと、大事なことを64個自分で考え実践し見事に結果を出したのです。

「マンダラチャート」の中心に置いた目標に対して必要な条件8個の「正解」はありません。実は、ここが重要。「人が育つ」という目標（ゴール）に対し、何が必要条件かを「考えぬく」ことに意味がある。

どうでしょう。そんなふうにやってみないと、普段、日常の仕事の中で「人が育つ」とはどういうことか。何が必要かなんて考えないですよね。

「人が育つために必要な条件」8個と、そのキーワードそれぞれの8個の合計64の項目を「考えぬく」中で自分という人間が整理されていくんです。こんな単純なことで、本当にどんな目標でも実際に達成できるようになるのです。

「売り上げ100万円」という目標でもいい。じゃあ、そのために何が必要か8個条件を出し、その8個についてそれぞれ具体的にやること、大事にすることを考えて決めると、それだけで本当に達成できる。おそらく脳に「設定ぐせ」がつくからでしょう。設定ぐせがつくと達成が勝手に近づいてくれます。

もし、そのとき64個の項目が埋まらなければ、それもチャンス。自分がどの部分でまだ成長が足りないのかがわかるからです。

まずは、この本でみなさんと一緒に「人が育つ64のゴールデンルール」を掘り当てていきましょう。

その中で「じゃあ、自分だったらどうするか」を考えてもらえればうれしいです。

また、これは答えではなく、ひとつのモデルとして考えてもらい、自分らしい自社だけのマンダラをつくり上げてみてください。

2章

する	楽しむ
風	利他の精神
ル	家族主義

3章

理論	時代にチューニング	スピード
基本	能力（スキル）	対応力
提案力	アフターフォロー	改善力

風	能力（スキル）
育つ	価値観
境	リーダーシップ

4章

積極的な精神	長期的な視点	全体的な視点
利他的	価値観	多面的な視点
人として大事なこと	根本は何か	向上心

6章

T	理念を形に
境	境界線をなくす
イベント	専門性重視

5章

自己犠牲	教えるのが好き	信頼残高
実行力	リーダーシップ	実績
尊敬	凡事徹底	分析力

1章

高くする	数値化する	緻密な計画
人生のビジョン	ビジョン（目標）	鮮明度を上げる
ワクワクする	達成する	共有する

成長する	挑戦
三方よし	社
感謝	モラ

8章

アウトソーシング	ベンチマーク	ボランティア
家族を大事にする	プログラム	チームワーク
長所を伸ばす	価値観プログラム	キャリアパス

ビジョン（目標）	社
プログラム	人が
人間関係	環

7章

お客様との関係	上司との関係	部下との関係
家族との関係	人間関係	業者さんとの関係
尊敬できる人	いい友人	地域との関係

みんなで決める	OJ
サポートできる	環
パートナーシップ	絶対参加

®「マンダラチャート」は（株）クローバ経営研究所の登録商標です

CONTENTS

人が育つ ゴールデンルール64

2章　社風

3章　能力（スキル）……86

4章 価値観

5章　リーダーシップ

6章　環境

7章　人間関係 …… 212

ビジョン（目標）

ビジョン（目標）	社風	能力（スキル）
プログラム	人が育つ	価値観
人間関係	環境	リーダーシップ

高くする	数値化する	緻密な計画
人生のビジョン	1章 ビジョン（目標）	鮮明度を上げる
ワクワクする	達成する	共有する

Vision

ビジョン（目標）とは、
自分を導く羅針盤であり、
自分をふるい立たせる
熱量となる。

1 ビジョン（目標）

その1

目標は「高く」する

目指しているものの大きさと
自分の熱量の大きさは比例する。

人は何も目指すものがなかったり、あっても魅力的なものでなければ力を出そうとしないんです。僕が、人が育つためには「高い目標」が不可欠というのはそこです。

美容室の例えをしますが、A君とB君というスタッフがいるとします。二人とも月に売上が30万円というところで伸び悩み中。A君は目標を現状の2倍の60万円にしました。そして、目標の60万円を売り上げているC先輩を見習うわけです。一方、B君は店でいちばん売り上げているのは誰かと考え、月に300万円売り上げているD先輩に注目します。自分の10倍の売上げです。

普通の人は、A君の思考と行動をします。目標は今の倍ですから。でも、それが大間違いなんですね。A君もB君もそれぞれ先輩を見習います。どんな動きをしてるのか、どんな技術を使ってるのか、どんなDMを書いたり、会話をしてるのか、プライベートはどうやって過ごしてるのかと。ここで決定的な差が出るんです。目標の高い人は「景色」が違う。目標がそこそこの人が見ている景色はそこそこレベルなのです。

結果、A君は「50万円しか達成できなかった」、B君は「170万円しか達成できなかった」となる。どちらも目標には届かなかったけれど、高い景色を見てがんばったB君のほうが圧倒的に成長しているということなんです。

これはイノベーション（変革）をするときの大事な考え方です。高い目標を目指し、そこで見える景色を目の当りにしたほうが絶対に大きく変われます。ただし、その高い目標は適切なものであることも大事。あまりに高すぎるとつぶれてしまう場合もあるからです。その人の特性、できる範囲に応じた目標の設定が必要です。

現状から10％アップしようという会社は、10％しか変えようとしないから「小手先」に走ります。小手先に走ると、スタッフや自分自身も「その程度でいいんだな」と守りに入ります。誰も変化は怖いことですから、大きく自分を変えたくないのです。小手先では理想なんて絶対実現できません。

すごい人は目標や理想が本当に高い。今から16年ほど前、お会いしたのが伊那食品工業の塚越会長。伊那食品工業は寒天で日本の80％、世界でも15％のシェアを持つすごい会社で、何より社是にある「いい会社をつくりましょう」という姿勢が半端なものではなかったんです。

いい会社とは、すべての人から「いい会社だね」と言われるような存在になることです。「無理な成長は追わない」「敵をつくらない」「成長の種まきを怠らない」、この行動基準を愚直なまでに守り、ありとあらゆることをしている。50期連続増収増益、その間ずっとスタッフさんの給料をアップし続けリストラは一度もなし。そんな塚越会長にお会いして自分の小ささが身に沁みました。

以来、なんとか少しでも近づこうとやっていますが、塚越会長ご自身が「僕もまだまだなんだよなぁ」と仰るので、その度に「失礼しました！」と腰が引けそうになります。

僕にとって塚越会長はとてつもなく高い目標。その高い目標を持つことで、僕の熱量は燃え続ける。そうすると、素晴らしい景色を見ることができるのです。ある先輩から言われました。「目標が伊那食品さん？　久保くん、今世では無理だね、来世までがんばらないと……」。笑って言われました。

その2

目標は「数値化」する

いくら高い山でも
一合目、二合目と札があれば
登り続けられるものだ。

せっかくビジョンや目標があっても「絵に描いた餅」に終わってしまう。そんな経験は誰でもあると思います。なぜか。ビジョンや目標が「数値化」されてないからです。例えば「地域でいちばんの存在になろう」という目標は悪くない。でも、それだけではダメで、何でいちばんになるのかを具体的な数値に落とし込んだほうがいい。スタッフの離職率、お客さまのリピート率、客単価…。なんでもいいのですが、特に大事なのが「目標」と「期日」という二つの数値化です。

「年間売り上げ1000万円」と目標が決まったら、期日を1年後だとすると、1年12か月で割ると、月に83万円。それを4週で割ったら1週間に20万円強。そして1日は…と、ここまで数値化されると、ようやく「じゃあ、そのためには何をしないといけないのか」と具体的に考えられるわけです。そんな簡単なこと、と思うかもしれません。でも、意外にやっていない人が多いんです。

数値化のメリットは「楽しくなる（楽観視できる）」ということがあります。

僕はレストランも運営しているのですが、皿洗いをしているアルバイト君で、元気のない子がいたんです。「1日、何枚ぐらい洗う？」とたずねると「数えたことない」と。「そりゃ、いけん。楽しくないわ。1日、何枚お皿洗ってるか、数えてみ？」と提案しました。一週間後、ちょっとテンションが上がってる。彼は「社長、700枚洗いました」と少し笑いながら答える。「じゃあ、今度は1分に何枚洗えるか数えてみ」と言って、後日「何十枚洗えました」と報告してくれる。「やるねぇ、じゃあ1日1000枚でも洗えるんと違う？　そしたら仕事早く終わって他のことも覚えられるよ。やってみたら」という具合にしていったら、彼はノリノリで仕事をするようになったんです。

数値化すると、「ここまでやれた！」という手応えが感じられるから楽しくなる。単純作業でも「今日もただしんどかった」というのと「今日は1000枚もこなせた」というのでは、やった意味がまるで違ってくるんです。要するに成長実感がおきてくる（感じてくる）のです。

パナソニックの元社長で山下俊彦さんという方がいました。たくさんの先輩を抜いて松下幸之助氏から社長に抜擢されたことでも有名な人です。

その山下さんに色紙にサインをお願いすると「知好楽」という言葉を書かれたそうです。どういう意味かというと「何かを知っていることは素晴らしい、されど、それを好きな人にはかなわない。それを好きな人も、それを楽しんでいる人にはかなわない」というもの。

どんなものごとも「楽しめる」というところまで達して、ようやくそれで本当の意味で「知っている」ということになるんだというわけです。

調べると、論語の中に《子曰く、これを知る者は、これを好む者に如かず。これを好む者は、これを楽しむ者に如かず》とありました。

そういうことか、ただ知ってるだけではダメなんだ。目の前の仕事を好きになり、楽しめるぐらいにならないとダメなんだと改めて教えてもらったのです。

人が成長できるようにするには「楽しさ」を感じられるようにするのが何より大事だということです。どうしたらその子にとって仕事が楽しくなるか。その方法はいろいろあります。数値化はその中でも取り組みやすいものだと思います。

その3

「緻密な計画」を立てる

航海の成功（達成）は、
計画の段階で決している。

ビジョン、目標を設定し「数値化」したらOKかというとそうではありません。「計画」が必要です。いつまでに何をどれぐらいやる。そのために、この時点でこれぐらい達成できるようにしよう。そのためには毎日これをやろうというのはすべて「計画」です。目標だけ決めて何も数値化しないと、いつまでも「計画」にならず「予定」のままで終わるんです。そういうこと多くないですか？

逆に言えばどんなビジョンや目標も数値化できた「計画」がなければ実現が難しい。どんなに「やりたい」「なりたい」と思っていても、いつまでに何をどんなふうにやっていくかが見えてなければ「思ってるだけ」で終わるのです。

さらにこの「計画」は緻密であるほどいい。登山と同じです。このレベルの山に登ろうと考えたら、それなりの装備を準備したり、ルートを検討したり、体づくりもしないといけない。目標に向かって必要なものを緻密に揃えていく「計画」が大事なんです。計画を練りに練っていくと、不思議なことに自信がついてきて達成できる気になってきます。そして、ワクワク感とつながってくるのです。

事を成そうとするとき、準備（計画）で8割が決まってしまうのです。また、計画を練ることで、人を成長させる「ストレッチ効果」も生まれてくると思います。例えば5

年後に1億円の資金を確保したい。それなら1年で2000万円、毎月約167万円貯めないといけない。そこまで見通したとき、普通は「毎月そんなに貯めるのは無理」と思う。

でも僕なら、そこからさらに細分化して、本格的なヘッドスパのメニューを強化していけばお客さまも喜ぶし利益も増やせる、さらに髪だけでなく体の内側からキレイになれるサプリも提案しようというように戦略に変わり、新たな挑戦を考えます。

ここまで「計画」できると、最初は無謀に思えたものが「できそう」な気になってきます。人に話しても「それ、きっとできますね」と言ってもらえる。それぐらいビジョンや目標は計画でほぼ決まると言ってもいいと思います。この「計画」が楽しめる組織はいい組織ですし人が育ちます。あれもやってみたい、そのためにはこんな計画を立てようというようにみんなが自発的に考えることが成長につながるわけです。

計画には「なんかできそうな気がする」と思えることが大切。そこまで綿密にすることです。

その4

目標の「鮮明度」を上げる

目的地の決まった船は、
いかなる風も追い風にできる。

こんなことをやりたい。自分の中で目標を立てたとき、実現可能性を大きく左右するのが協力してくれる人の存在です。どんなことでも自分一人だけでは難しい。

共感共鳴してくれる人が現れるかどうかは、目標の「鮮明度（画素数）」がどの程度かによって違ってきます。なぜならそれによって「伝わり方」が違ってくるからです。

たとえば、「東京に出店する」という目標を立てるとしますね。それだけだと「そうか、東京か」だけで終わってしまう。けれど「東京の青山何丁目の、あの外壁がおしゃれなビルの1階にこんなデザインの店を出して、照明はこんな感じで――」と鮮明にしていくと、人に伝わって、期待感が上がっていきます。

それに、目標の鮮明度が上がるほど「欲しいもの」が見えてくる。目標やビジョンはある意味「妄想ゲーム」です。たとえば僕はアウトドアが好き。だから、次に出す店では「鹿の角を使ったシャンデリア」を付けたいという妄想が湧いてくる。それをなんとか手に入れる方法はないかと考えたり、製造しているメーカーが北海道にあることを調べて見に行こうかと考えたりと、鮮明な妄想だからこそ行動力も出てくるんです。

さらに、ビジョンや目標の鮮明度を上げるほど、自分の意思が強くなってきます。目標がぼんやりとしていたら実現への意思も弱いままです。

また、ビジョンや目標は「毎日」思い浮かべたほうがいい。僕も寝る前に毎晩思い浮かべてます。人は眠りに入る前がいちばん素直になれる。そのときにビジョンを鮮明に思い浮かべることで潜在意識の中にもインプットできるわけです（ピンナップ法といわれています）。

僕の知人にこんな人がいます。高校から23歳までパチプロで暮らしていた彼は、あるとき、深夜にお腹が減って居酒屋に行った。すると、店じまいのときに大将がレジからその日の売り上げの札束をたくさんつかんでいるのを見て「自分も飲食店をやろう」と思った。そこから彼は大将に弟子入りして「絶対8年間辞めないのでやらせてください」と頼み込んで働かせてもらったわけです。

そのときの彼の目標は「飲食店を出して高級外車のいちばん高いのに乗る」というもの。３５００万円するらしいです。それでがんばって8年間働き、自分の店も出せることになり、支店も増やして3店舗目をつくったときに本当に３５００万円貯まったそうです。

彼は、スポーツバッグにお金を入れてタクシーに乗って高級外車の店に向かいました。その途中、信号待ちの間、ふとタクシーの窓から空を見上げたら「あれ、俺おかしなことしようとしてる」と思ったんだそうです。そして、私的には「天の声」が聞こえたのだろうと思います（僕も数回同じような経験をしてますから……）。彼には、ここまで一緒にがんばってくれた5人の仲間の顔が空に思い浮かんだ。彼らがいてくれたから、このお金が貯まったんじゃないかと。それで彼は運転手さんに「高級外車の店じゃなくトヨタに行ってください」と言って、国産車の最上級グレードの高級ミニバンを5人の仲間にプレゼントしたのです。その後、彼の飲食店は十数店まで拡大しました。

つまり、目標やビジョンの実現には学歴も経歴も何も関係ない。どれだけ描いてる未来が鮮明かが大事だということです。そして、その目標を実現させて儲かったら、その使い道も本当に周りの人が喜ぶ姿が鮮明に思い浮かぶものにしたほうがいい。私利私欲で動いたのでは人はついてこないということです。

目標の鮮明度は鮮明であればあるほど、自分の意志も強固になっていく。そして、忘れてはいけないのは、その目標の絵は「共に」という絵でないといけないということを……。

人として魅力的か、鮮度は大丈夫かを考え、目標（ビジョン）は限りなく鮮明にしましょう。

その5

目標を「共有」する

自分の求めるものを知ってくれている。
それが真の仲間なんだ。

ビジョンや目標が「達成」することと切り離せないのが「共有化」です。

自分個人の目標を自分だけが把握している状態よりも、自分の目標を周りの仲間が知っていること（目標の共有化）がとても大切なのです。なぜならば、周りの仲間がその目標をサポートしてくれたり、導いてくれるからなのです。

それに個人の目標を共有化することで刺激にもなります。

そのためにバグジーでは年に2回、合宿を必ずやります。20年間ずっとです。「夢合宿」と呼んでますが、そこでは百数十人のスタッフ全員が「今年の目標」を発表します。そういう目標を語り合い、共有できる場をつくるということもとても大事。そういった場がなければ、個々の目標は秘められたままで組織と共有なんてできないわけです。

自分の目標だけでなく周りのみんなの目標も知ることで、想いが共有化できそれぞれのスタッフも刺激されるんです。これはすごくいいものです。

さらに、その個々の目標が会社の方向性やビジョンと重なっていれば、より「やる気」が出て、日々が自分のためでもあり会社のためでもあるということになるわけです。言い換えれば、個々の目標の集合体が会社のビジョンだということになるのです。

組織のビジョンは押し付けるものではない。みんなが「これをやりたい」と思うことでしか実現できないのですから。

また、目標は、みんなで共有することで一人ひとりの当事者意識となって、目標は達成されます。互いの夢（ビジョン）を共有し、みんなの夢（ビジョン）を統合することも大切なポイントです。

自分の目標や夢を知ってくれているのが、真の意味で仲間であり、大切な人なのです。そして、お互いが、その自分の夢や目標に寄り沿い、応援してくれたり、心配してくれたりするようになることが、強いチームワークを生み、一人ひとりが輝いて、素晴らしい人へ育っていくのです。

その6

目標は「達成」するもの

成功とは、成功するまであきらめずに
成功するまでやめないこと。

夢ばかり描いて、いつも景気のいいことを言ってるけれど、どれ一つ現実になったことがない。そんな組織や人には誰もついていこうと思いません。

または、達成しないことが多くなってしまうと、負けグセというか、それが当たり前となってしまい、目標を立てる段階で「また達成できないだろうな」と思いながら、目標を立ててしまうことになる。そうなると、低い目標にしてしまうか、達成することに執着しなくなってしまうのです。

目標は、この章でお話しした5つの項目をすべてやれば絶対に達成できます。高い目標で数値化し計画を立て、それを鮮明にして共有化できれば達成できないなんてことはないです。

そのためには、達成までの途中で進捗をみんなと「確認」し合うこと。3年後にこうなろうと決めたけれど、1年経って3分の1は達成できてるか。それを会議などで確認し合うわけです。

思ったより進捗が悪ければ、改善して必ずよくなるようにみんなで考える。想定以上に進んでいれば、この調子でもっとやろうとさらに気持ちを高める。そういう時間が大切。

よく、営業会議なども月1回やってますというところがあるけれど、それで成績が上がるとは思えないんです。月末に今月を振り返って、来月こそ達成するぞ！　と気合いを入れても、月のどこかで確認と再点火しなければ、たいていは月末になって「来月こそは」と同じことの繰り返しになります。

マラソンだってそうでしょう。途中でペースの確認もなくて、ただ闇雲に走っても本当に目標タイムに届くのかわからない。コースの途中で何度も確認するからペース配分も加速するポイントもわかるのですから。

目標までの途中で確認を何度か入れるだけで、本当に達成度が違ってきます。目標達成する人は必ず確認も大切にしているのです。

目標達成するために、みんなで「考えて」「助け合い」「改善」して、絶対に達成すること、その達成体験の積み重ねが成長につながります。

要するに、目標を設定する「設定グセ」と、それを達成する「達成グセ」が、とても大切だということです。

その7

「ワクワク」する目標

頂上の景色の素晴らしさを知れば、
必ず頂上へ登りつめることができる。

『グーグルを超えると言ってくれ』（羽谷朋晃著／経済界）という本があります。この本に書かれてるのは「その通りだ」としか言えなかった。「あなたの会社では経営理念をつくって、みんなで暗記して唱和してませんか？」というわけです。一瞬、ギクッとしました。僕たちも「敬愛＝すべてに愛を持って取り組みます」という理念を技術、顧客、スタッフ、社会それぞれの項目で大事に持って、毎日みんなで唱和しているのです（笑）。でも、理念だけではモチベーションは上がらない。その本では言い切っていました。それより3年後、5年後、自分たちはどうなっているのか。ワクワクするビジョンをみんなで共有するほうがモチベーションは上がりますよ、と……。

要するに、理念を守り続けてやれば、何年後に「こんな会社になれる」「こんなこともできる」というように、理念の先にあるビジョンを明確に共有することで、目標がワクワクするものになっていくのです。

たとえば、経営者が「年商5億だけど、5年後それを10億にする」という目標を持ってもみんなはワクワクしません。年商10億にするなら、スタッフのみんなはどんな役割で、どんなことができるようになるのかまで描かないとワクワクできない。

5年後には、君はこの部門の責任者になってるよ、前からやりたいと言ってたこの事業もスタートしてるよ、ハワイの支店で仕事してるよ、というようにワクワクするキャストまで決めていないと、人は「やろう」と思えないんです。

目の前はキツイけど、これを乗り切ったらこんなワクワクする近い未来が待っている。そうみんなが思えたら、多少の困難は乗り越えられます。

例えばバグジーは、まだまだ発展途上なので基本は定休日なしで営業してます。でも、3年後にはそうではなく毎週きちんとみんなで休む休日がある店にしたい。それも月火は休みで水曜から日曜まで週5日営業にしたい。

休みの取れない美容業界で月に10日以上もみんなで休めると考えただけでみんなワクワクします。なぜそうしたいのか。スタッフがワクワクできる時間を増やしたほうが、お客さまにもいい仕事ができるからです。

現状は交替制での休みだから、イベントがあっても全員参加は無理です。それは嫌だから、僕の3年後のビジョンには「定休日を増やす」というのがあります。実現すれば毎週みんなとキャンプに行きたい。そういう話を聞いたら、やっぱりみんな喜びます。

中には「3年も待てない」という子も出てくる。じゃあ、月に1回、早く店を閉める日をつくってみようかというアイデアが出てくる。そうしたらキャンドルナイトという名前にしよう。早く閉めて電気を使わないようにしたらエコにもなるし。など、前向きな意見が出て行動が変わってくるものです。

もちろん、その日は営業時間が3時間ほど短縮されるわけですが、その分昼間にがんばれば売り上げはそれほど変わりません。それよりも、その時間を使ってみんな欠けることなくパーティーやバーベキューをしたりできるほうが大きい。

こういうワクワクできる話があると、自分たちの会社がやっぱり楽しくなるし大事に思えてきます。そうやってもっと売り上げが上がったら、キャンドルナイトの日を増やしてもいい。会議でそういう話になると、やっぱり盛り上がるんです。

これが、いつも会議で目標やビジョンの話が出るけれどみんながワクワクしないものだったら、その実現に向かうエネルギーなんて湧いてこないのです。（結果、2019年4月1日より年中無休をやめ、月曜定休を実施できました）。

ワクワクできる目標でないと、きつかったり辛かったりしてしまうことになるのです。目標が「ワクワク」するものだと、時間も苦労も気にならず、自然と目標に向かっていけるのです。部下に「ときめき」を与えることが「人が育つ」「繁栄」の本質です。

その8

目標は「人生のビジョン」

集めたものは残らない。
与えたものが残るんだ。
自分の人生でどれだけ残せるかなんだ。

ビジョンの究極は「人生」です。いちばん長いビジョンとして「自分の人生をどうしたいか」を持っていたほうがいい。特にリーダーにはそれが必要です。

50年先、100年先のビジョンは何か。それが長すぎるとしても、せめて自分がこの世からいなくなるまでのビジョンは持ってほしい。

言い換えると「人生観」をどう持つかということにもなります。この本でもお話しした伊那食品工業さんがつくっている「100年カレンダー」というのがあるんです。僕はそのカレンダーを愛用しています。100年分のカレンダーですから、その中には必ず自分が死ぬ日がある。それを見定めて、やり残したことがないように生きる、というのが大事なんです。

多くの人は、自分はいつか死ぬだろうけど、まだまだ先のことだしと思っていて、なんとなく日々を生きている。でも、それだと気づいたときには、目標にしていたあれもできてなかった、これもやらなかったということになるんです。

ここをちゃんと考え始めると「人生観」が出てきます。今だけの「欲」では自分が満足できなくなる。何か誰かのためにやりたい、これを残したいという想いが出てくる。

田坂広志さんの『人生の成功とは何か』（PHP研究所）という本は、自分が今、この世からいなくなろうとしていると想定するところから始まります。そして枕元にある人が現れ、自分にこう呼びかけるんです。「この人生、またやってみたいですか？」と。それに「はい！」と大きな声で言える人が、人生で成功をした人だというわけです。

普通に考えると縁起でもないのですが、死ぬ間際に自分の人生を肯定できるかどうかはすごく大事。そのときになってから「もっと、こうしておけばよかった」は遅い。リーダーなら、どういう人を残したいか、どういう会社を残したいかを考えてみてください。それだけで人生がぐっと深まっていくのが感じられるのです。

ぜひ自分が30歳になったとき、40歳になったとき、50歳になったとき、60歳、70歳、80歳になったとき、「こうありたい」という目標を立て、紙に書きこんでください。それこそが自分の人生の目標なのです。また、そのときに自分の大切な人たちが「何歳になっていて」「こうなっていていてほしい」ということも考えてみてください。よりしなやかで豊かな人生になると思います。

今日明日のことを考えることは容易です。1か月、2か月先のことを考えることも難しくない。1年後、3年後、10年後、20年後と長期的に物事をとらえることこそ本当の強さ、しなやかさだと思うのです。

社風

ビジョン（目標）	社風	能力（スキル）
プログラム	人が育つ	価値観
人間関係	環境	リーダーシップ

成長する	挑戦する	楽しむ
三方よし	2章 社風	利他の精神
感謝	モラル	家族主義

Company style

一人ひとりの価値観が
平均化されていて、
それが表面化したとき、
風土が生まれる。

その1

「成長」する社風

すべての社員の成長が、
会社の存在意義なのです。

社風（風土）とは、何を一番大切にするかを明確にして、全員がその思いを平均化して、表面化していることだと思います。

その一番大切にするひとつに「成長する」ということを常に考え、その「成長」を軸にして物事を考えるということです。

たとえば、社員さん一人ひとりをほめる基準（評価する基準）を売上高や業績などでするのではなく、その本人が昨年の自分をどれだけ超えられたか（昨年対比成長率）によって、ほめたり認めたりすることです。そうすることによって、本人は「何が自分に必要なのか」「昨年より何を改善するべきなのか」が明確になり、また、昨年の自分自身と、今の自分自身と向き合うわけだから、素直に取り組めるし、ストレスもたまりません。そして自然と自己成長につながるのです。

しかし、「成長」という社風がない組織は、共に働く仲間を売上で競わせたり、会社の都合で目標を設定したり評価するため、ストレスがたまり、相対的志向となり自己成長どころか仲間と不仲になったり、共に働く仲間の成長や成功を喜ぶことのできない殺伐とした組織になってしまうのです。

組織全体が「成長しよう」「成長することを大切にしよう」を大切にしていくことが、「人が育つ」ことにつながり、一人ひとりの成長の総合点が会社の業績になることになる。それが入社1年目の社員であれ、20年以上勤めた役員であれ、もちろん僕（経営者）であれ、常に「考え」「改善し」「学び」「修練」することが大切なのです。成長にゴールはありません。

一人ひとりの成長を最大の目標にし、それを全員が共有共感する組織であるから「人が育つ」のです。また、仲間の成長を喜び、祝い合える社風がよりよい結果を生むのです。

また、成長を競い合うことと業績を競い合うことでは大きく変わることがあることも付け加えておきましょう。成長を称賛する会社は落伍者を出すことなく、みんなが成長し、喜び合えるけれど、業績を重要視する会社は、社内の仲間に勝者と敗者をつくり、多くの落伍者を出す結果となるのです。

「社員全員がもれなく成長してほしい」。それが僕たちの大切にしているミッションだからです。

その2

「挑戦」する社風

「挑戦」というゆりかごの中で
成長は育まれる。

僕たちの会社は他がやっていないことをやるのが大好きです。それだけでなく、去年と同じことをやるのもつまらないので、いつも新しいことに挑戦しています。

〝チャレンジ〟できる社風がないと人は育ちません。何か思いついて実行したら「余計なことするな」と怒られる。そんな社風があると、誰も何も挑戦しなくなります。

あるとき、うちのスタッフの一人が「1月2月の売上を上げるのに、男の人のお客さまにドイツビールをプレゼントすればいいいんじゃないか！」と営業会議で言いました。

みんな「？」です。なんで寒いのにビール？　しかもドイツビール？　すると彼は熱弁するわけです。僕らは1本800円もするドイツビールなんて気軽に飲めない。でも瓶のかたちがおしゃれでかっこいいんです。飲んだ後、インテリアにもできるんです。聞いていているうちに、みんな盛り上がり、1000人の集客を目標に1000本のドイツビールを買いました。そして、なんと見事に今も在庫が600本あります（笑）。

正直、僕は難しいだろうと思っていました。でも、〝チャレンジ〟する社風のほうを大事にしたかった。企画した本人は後日「やってしまった……」という顔をしてましたが、僕は笑いながら「だから言ったやろ（笑）」と言っておしまい。そういうやり取りを見ているから、他のスタッフも「自分たちもやってやろう」と新たな挑戦心が湧くのです。

今から20年ほど前、ジャック・ウェルチの本で「これからは人を育てることが重要だ」と、彼が研修センターをつくったことを知ったんです。

そうか、と思って、僕も研修センターをつくったんです。まだスタッフも10人ぐらいしかいないにも関わらず。周囲からは呆れられました。お客さんをもっと増やして売り上げを上げるほうが先じゃないのかと。

でも、今となっては、挑戦してよかった。「姿勢」が違ってくるからです。美容学校への求人でもそういう施設があるのとないのとでは全然違ってきます。

なぜ、僕は挑戦が好きなのか。スタッフに「日本一になろう」と言いたいからです。全部が日本一になれなくてもいい。どれか一つでも日本一になりたい。どこよりも先に、どこもやっていないことをやりたいんです。

近年も日本でいちばん大きい１４００坪の広さを持つ美容室というのもそうです。店舗坪数は２９０坪ですが、それでも大きい。一般的な美容室は20～30坪ですから。都市部の狭い場所より、郊外でもゆったりした場所でくつろぎながら髪を切ってもらえたらお客さんも喜ぶんじゃないかと考えてやってみたら、それがうまくいったわけです。

美容業界なら必ずお金をかけているネットや情報誌の広告も、僕はやめました。すると、媒体社の取締役の人まで来て「絶対やめないほうがいい」と説得するんです。「多店舗展開している美容室で、掲載しないところはどこにもありません。広告やめて新規が来なかったらつぶれますよ」と。僕はその言葉を聞いて「よし！」と思ったわけです。他のどこもやらないのなら僕のところがやめたら日本で唯一になれますから。

誰もが通る道は登山でも傾斜がゆるやかな分、時間がかかる。誰もが通らない道は傾斜もキツイ分だけ早く頂上に立てる。それが僕は好きだし、その挑戦があるからみんな楽しいし、ひとつにもなれて成長できるわけです。

挑戦した分だけ、失敗もたくさんあります。けれど、挑戦しなければ、大成功も大成長も手にできないのです。

何かに挑戦し、失敗する。その失敗の中に必ず成長の「タネ」が隠されているのです。

その3

「楽しむ」社風

好きな仕事を選ぶのではなく、
目の前の仕事を好きになって楽しむこと。

1章で「知好楽」という言葉を紹介しました。仕事が「楽しい」という人には敵わない。判断基準も正しいか、ではなく、「楽しいか」「楽しくないか」なんです。

この判断基準は不思議と人を育てます。正しいことをやっても幸せそうじゃない人はよく見ますが、楽しいことをやってる人はたいてい幸せそうです。だから、どんなときも「楽しい」ほうをやっていこうというのがバグジーの社風です。

普通の何でもないときはいいんです。それより、苦しいとき、つらいときでも「楽しむ」ことを忘れないのが大事です。

熊本県の阿蘇に大野勝彦美術館という場所があります。農作業中の事故でトラクターに巻き込まれ両手を失って義手を使って絵を描いてる大野さんの美術館。大野さんは「自分はラッキーな男なんです」と言うんです。「手は持っていかれたけど〝腕〟は残してもらったんです」と言って笑う。義手がつけられるだけラッキーなんだと……。そんな絶望の中でさえ「楽しめる」ようにありたいと思います。すごいことですね。

僕も息子が重い腎臓の病気で、僕の腎臓のひとつを移植したことがあります。しかし、あり得ないことが起こって手術は失敗。妻も娘たちも親類も泣きわめき、怒っている。

僕は手術明けの朦朧とした状態で、この場（病室のみんな）をどうにかしたいと考え抜いて、こう言いました。

「カテーテル抜いてくれんか？　おちんちんが痛い」

一瞬、みんな「え？」という顔になって、娘がこらえきれずに笑ったんです。僕はこの状況をどうにかするために、少しでも空気を緩ませたかったんです。

そのあと、病院長から医師、スタッフが沈痛な顔で謝罪に来ました。彼らは戦々恐々としていたと思います。でも、僕は言いました。「1回じゃ、うまくいかないんですね」。そして「2回目もお願いします。息子の体の中を見てくれたのは先生たちなんで」と。先生たちも泣きながら頭を下げてくれました。

その後、移植手術で退院するには、どうやら1カ月くらい。日本記録でも21日だというのがわかったので、僕は、13日で退院しました。とにかく、「親父、半端ないな」と息子も家族も笑わせたかった。

その2日後、僕は青森での講演の予定を入れていて、さすがに無理がたたって術部から出血して病院に行くというオチもつきました。

病院で痛み止めの注射を打ってもらい、講演会をしました。その講演会では、「僕は腎臓摘出手術をして今日来ました。なので今日はみなさんと腹を割って話しましょう」

と言ったのですが、半分みんな引いてました（笑）（涙）。

嘘みたいな本当の話ですが、とにかく僕の会社では、どんなときでも笑顔を忘れないようにしたいんです。

ギリギリのときでも笑顔や楽しさを忘れない人こそ、人間力がある。調子がいいときは笑ってるけれど、よくないときは機嫌が悪くなる人は「場を悪くする」という最悪のことをしている。この人が入ってきたら空気が悪くなるのではダメなんです。どんなときもその人がいれば楽しい空気になる。そこを大事にしてください。

よく、その人のその組織の口グセで社風はわかるといいます。「それ、おもしろいの？」「それ、おもしろそうやん」「もっと楽しいことないの？」「それ、楽しそうやん」……

そんな言葉や判断基準が飛び交う…、そんな組織であり続けたいですね。

2 社風

その4

「利他の精神」の社風

自分のして欲しいことを
相手にしてあげる、これこそ黄金律。

僕の会社では、「利他」の行動ができる人が尊敬される社風があります。

どうして利他が大事なのか。それは人生に成功をもたらしてくれるものは、自分と他者との関係の中から生まれるからです。人とうまくいくかどうか。そのキーポイントは「常に相手の利を考えられる人かどうか」なんです。

難しい話ではなく単純なことです。お客さんから気に入られる。家族から愛される。取引先から好感を持たれる。どれも、相手に喜んでもらおう、相手の負担を軽くしてあげようという気持ちがあるからそうなる。利他の精神です。

例えば、会社でみんなと一緒にマイクロバスで旅行に行く。そのとき「自分が運転するから、みんなビールとか飲んでいいよ」と言ってあげるのも利他です。そうやって、みんなが楽しんでいる姿を見て自分も楽しめる人がすごい。

バグジーでは山好きが集まって屋久島に登山に行くんです。登ったときにコーヒーやみそ汁も飲むので6リットルぐらいの水も持っていく。他にもいろんな荷物がある。誰が重い水を持つか。みんなでジャンケンします。

普通は勝った人から軽い荷物を取っていくのですが、リーダーシップのある人間は自分がジャンケンに勝っても重たい水を選んで持つんです。そういう自己犠牲のできるリーダーが素晴らしいという社風になっているから自然にそうなるんです。

身近なところでも同じです。タクシーに乗って、少しのお釣りはもらわずにチップ代わりにしてもらう。「ジュース代にでもしてください」と。それが偉いというのではなく、そんなことでも「ちょっといい気分」になってもらって、次のお客さんを乗せたときに笑顔になってくれたらいいと思えるかなんです。

いつでも周りにいい想いをしてもらえるように考えて行動できる人。そういう利他の人は周りといい関係をつくれますし、その関係の中で成長することができるのです。

利他の精神というと崇高なように思う人がいます。また、自分たちが豊かでないのに「他人のために」なんて偽善者ではないのかと思う人もいるようですが、それは間違っていると思います。

「少しでもいい」「できるときだけでいい」……。「他人の人のためになった」「相手が少しでも喜んでくれた」。そんな体験が自分の心を豊かにしていき、洗心の思いになり、人間的成長につながっていくのだと信じています。

心のいやしい人の仕事は、いやしくなります。

心のやさしい人の仕事は、やさしくなります。

心の誠実な人の仕事は、誠実になります。

仕事は心に支配されているのです。

カンパニーの語源は「共にパンを…」「共に食べていこう」「共に生きていこう」なのだから……。

その5

「家族主義」の社風

いかなる時も共に歩んでいこう、
共に生きていこう、
それこそ会社のあるべき姿。

僕の会社は「家族主義」です。かつては「成果主義」「実力主義」の社風で、売り上げは上がっても人間関係が希薄で、いつもトラブル続きで結局、内部崩壊してしまいました。やはり、人が辞めない会社、人がちゃんと育つ組織を作りたいと思いました。

そこで僕がテーマにしたのが「家族のような会社をつくる」ことでした。お互いに嘘をつかなくてもよくて、余計な我慢やプレッシャーがなく、自然に見守ったり助け合えたりできる会社です。

例えば、スタッフが自分の部下に接するときに「自分の妹や弟だったらどうするか」で考えたらいい。遅刻する部下がいて、妹や弟なら注意するだけじゃなく、電話で起こしてあげたり、一緒に出勤するようにしたりするでしょう。会社でもそれと同じでいいんです。

逆もそうです。部下から見て先輩や上司がどうしても受け入れられない。そのとき、「自分の姉や兄ならどうするか」。反発するだけじゃなく、自分はこう感じてるんだというのを伝えて話し合うことだってできるわけです。

もし、自分の子どもが試験に落ちたら「一生口を聞かない」というのはないでしょう。「失敗もＯＫ。また次にがんばろう」と言えるのが家族主義の社風です。失敗する権利をあげられるのが家族。

そして家族主義でもっとも大事なのが「やさしさ」と「厳しさ」が共存していること。本当の家族は、やさしさもあるし、厳しさもあります。

これを放置していたらもっと悪くなると思えば、他人なら放っておいても家族なら「ダメ！」と言います。それが本当のやさしさであり厳しさだからです。

家族主義は何でもOKではない。人が育つには、そういうふうに本気で接してくれる「家族」がいる環境が大事です。

僕には美容師の娘がいますが、彼女が美容学校時代に泣きながら僕に電話をしてきた。「パパが嫌いな人をつくってはダメと言ったけど絶対ムリ！」と。どうしたのかと思って聞くと「化粧ポーチを盗られた！　その人が許せない！」と言うのです。

家族で旅行に行ったときに買ってもらった思い出の詰まった化粧ポーチで、そんなものを盗む人間なんて絶対に許せないと泣いていました。

僕は娘に「お前が盗ったんか？　盗られたんか？」と、もう一度たずねました。娘は怒り心頭で「私が盗られたって言ってるでしょ！」と切れてましたが、僕は「よかった！」と言ったんです。

自分の娘がものを盗ったら悲しいけど、そうじゃなかったらいいと。「ものを盗る人になりたいか？」「なりたくない」「だったら盗られるほうがいいやろ」と。

そんな話をするうちに娘も落ち着いたのです。結局、家族とはそういうものだと思うんです。いつも味方でいてあげること。家族だから言えることを言ってあげられること。

そんなふうに「守られている」感覚があれば人はどんどん育っていきます。

大きな組織では難しいかもしれませんが、弱いものを守れる「家族主義」がこれからはすごく大事になってくる。そのことを知っておいてほしいのです。

経営者は社員を大切な子どもだと思い、働くみんなは経営者を父母だと思えること。そうすることで、喜びは共に大きくし、苦しみ悲しみは共に小さくしていき、欠点も受け入れ合えるような組織の中で、必ず人は自己成長して恩を返したいと思うのです。

その6

「モラル」の社風

道徳こそが仕事を変え、
組織を変え、人生を変える。

倫理観、人としての道を外れない社風を持っていることも大事です。英語では「モラル」が倫理で、「モラール」が士気（やる気）です。よく似た言葉になっているように、倫理観の高い組織は自ずとモチベーションも高くなっています。

あいさつがきちんとできる。先輩を敬う。親を大事にできる。人としての倫理観が高い組織は、他のこともうまくいっていることが多い。モラルとモラールはセットの関係だと僕は思うんです。

ですから僕の会社ではモラルをよく考える。ミーティングでも「それは人としてどうなの？」と言って考えることが多いんです。身の回りでも、片づけや靴を揃えることも大事なモラル。それができていないのは、どんなに他がよくても一流にはなれません。

大人になって、そんなことまでと思うかもしれませんが、こうした日常習慣が「その人」をつくるわけです。あの人は仕事はできるけれど、あいさつもせず、靴も脱ぎっぱなしで後片付けもせずだらしない。そういう人だと見られると、いくら本人に能力があっても成長できないしチャンスもなかなか与えられません。

会社の規模がある程度大きくなると、年齢は下だけど上司、年齢が上だけど部下というケースも増えてくる。そのときに、ちゃんと「人としてどうなのか」の倫理観がないと組織はおかしくなるわけです。いくら立場が逆転しても目上の人には「さん」付けをすること。

他にも僕の会社には「贅沢しすぎない」という倫理観もあります。すべてにおいて「分相応」かどうかをちゃんと見る目を持っていないといけない。周りから見て、あまりにも不釣り合いなものを持っていたり、そういう行動をしているのではやはりおかしい。

言い換えれば謙虚でいること。すごい人ほど謙虚さをいつまでも忘れていません。お金を払う立場でも「ありがとう」の気持ちを持っています。上の人ほど謙虚さが大事。なぜなら、その後ろ姿を見てみんなが育つからです。

そんな日々の凡事なことでも、しっかり倫理観を大切にしていくことで、人は育って立派な人になっていくのです。

駐車場の障害のある方のスペースには絶対駐車しない、できることなら施設の入口より遠くのスペースに駐車することのできる人に育ってほしいと願っています。

父母の誕生日には里へ帰り、父母の孝行をしてほしい。できうることなら、父母のより側で生活してほしいと心から願っています。そんな当たり前のことを徹底することこそ、生活習慣を変え、生き方を変え、そして、人生をも豊かに変えるのです。

その7

「感謝」の社風

ありがとうという種が美しい花となり、
幸せという実として返ってくる。

人に感謝するというのは、ただ単に誰かに「ありがとうございます」と言うことではないんです。自分が感謝をして向こうからも「こちらこそありがとうございます」と返ってきて完成するもの。

ありがとうを言った自分も相手から同じくらい「ありがとう」と言われるような存在であることが大事です。

「感謝」もバグジーの大切な社風の一つです。人として、どんなことにも感謝がなければならない。だから僕の会社では給料日に、スタッフみんなから「ありがとうございますメッセージ」を僕に送ってもらうようになっています。

給料日だから給料を払って当たり前、受け取って当たり前ではないんです。いろんな人のおかげで給料が出せるしもらえる。僕はみんなに「感謝」の癖を持ってもらいたいからあえてそんなことをしてクセづけをしているのです。

僕は、本当にその人のためになる癖をつけるなら強制してもいいと思う。親ならそうするでしょう。ささいなことでも「感謝」ができる人はいい人生を送れるからです。

あるとき、僕の講演を聞くために遠方から来られたご夫婦と食事をしました。ご夫婦が福岡で一泊して帰宅したらびっくりしたというんです。食事に同席していたバグジースタッフから手紙が届いていたと。手紙には、楽しい時間を過ごしたことのお礼と食事の際に話したことの感想などがびっしり。

ご夫婦はうれしくて僕に電話をくれたんです。きっと、あのスタッフさんはあの夜のうちに自分たちにわざわざ手紙を書いてくれた。その気持ちが何よりうれしいと話してくれました。

これも、べつに「そうしなさい」と僕が言ったわけでもない。「感謝」という社風があるから自然にそうなったのです。

他にもお店をオープンしてお祝いのお花をいただく。そのとき僕らは、お礼状を書き、そこにいただいた花を店内に飾らせてもらった写真も同封します。

ただ単にお礼を書くのではなく「送ってもらった花でこんなに店内を華やかにできました。ありがとうございます」という気持ちも込める。それが感謝だと僕らは普通に思っているからです。

人は誰でも、自分がやったこと、関わったことに感謝があればうれしいものです。またその人のために何かしてあげたくなる。

だから「感謝」を忘れない人はいろんな場面で人に助けられるし、そこでチャンスをものにして成長していけるわけです。

ありがとうの気持ちや行動には、そういう意味で幸せを引き寄せる力があると僕は思っています。

逆に感謝を忘れた人、知らない人は、いくら能力や実績があっても、だんだん幸せを遠ざけてしまいます。

もっと言えば「感謝」とは、幸せを感じ取る力です。ボロボロの軽自動車に乗っていても「雨に濡れずにどこにでも行けてうれしい」と思える人は幸せ。いい車に乗っていても「狭いし、走りがいまいち」と言ってる人は幸せを感じられない。

やっぱり「感謝する人」は、それだけで幸せなんです。

そして感謝で大事なのは、いかなる人にもいかなることにも感謝することです。デパートなどでお客さんの前では笑顔で「ありがとうございます」と言っているのに、見えなくなった途端にムスッとする店員さんがいますが、そういうのではダメなんです。

お店のお客さんに感謝するのは当たり前。でも、自分たちがお金を払って配達に来てもらっている業者さんにも「ありがとうございます」の気持ちを持つのも大事。

　普段のちょっとしたことでもそうです。雨の日にタクシーを停めて乗せてもらったら、雨なのに拾ってもらって助かりました、と言葉を添える。そんなふうにできない人は幸せが逃げていくと思うんです。

　もう一度言いますが、感謝してもらいたいから感謝が大事なのではない。感謝があるところに幸せが集まってくる。だから僕はスタッフにも「感謝」を厳しく言うわけです。

その8

「三方よし」の社風

周りを幸せにした総量が
必ず自分に返ってくる。

三方よしとは地域貢献の社風です。売り手よし、買い手よし、世間よし。これは僕の会社でも力を入れている部分です。

自分のお給料は自分たちの店の近くで使う。お客さんに居酒屋さんをやっている人がいたら、そこに呑みに行く。県外の人に何か贈るなら、地元のものを選ぶ。常に地域の人が喜ぶお金の使い方をして「生きたお金」を使うのも三方よしなんです。

もっと言えば、自分たちの会社、お店が繁盛して税金も払い、たくさんの人を雇用できるようなれば、それが三方よしの中でもすごく大きいと思います。繁盛したけれど地域に何も貢献できていないのでは本末転倒。地域の人から嫌われるようでは、いい会社とは言えませんし、そういう会社では人は育たないんです。

地域の行事があればよろこんで協賛する。地域のそうじもする。近所づきあいがいいかどうか。これは昔からずっと変わらない大事なことです。近所づきあいの悪い店や会社は、やはり地域から愛されないのでどこかで停滞します。

業績がいいから評判がよくなるのではなく、評判がいいからそれが業績になって還ってくるのだと思うんです。自分が投げたものは、そのまま自分にも還ってくる。

「かんてんぱぱ」で有名な長野県の伊那食品工業の塚越会長はよく言っておられます。最寄の駅でタクシーに乗ったとき「さん付け」で呼ばれるような会社にならないといけない。その通りだと思います。

伊那食品さんに伺うとき、どこでタクシーに乗っても「伊那食品さんですね」と運転手さんが復唱してくれます。地域の人にも尊敬を集めているのが伝わってくるんです。会社も「法人」というぐらいですから、そこにも人間性はあります。

地域の人から尊敬されるような会社としての「人間性」を上げていきたい。そのためには、いくつか大切にしないといけないことがあります。そのひとつは「いい本を読む」ことが必要です。すごい人には「叡智」があります。その叡智はやはり書物から得られるものが大きいからです。

そして「よき友」を持つことも大事です。書物が栄養だとしたら、よき友は「良薬」かもしれない。それだけ自分に与える影響力が強いんです。「よき友」を持とうと思えば、いい場に自分の身を置いてください。

また、「尊敬できる師」を持つことも忘れてはいけない。自分よりもすごい人がいると認めているわけですから謙虚になれます。自分のほうが上だと思ってる人はそれができません。

尊敬できる師匠を持っていることは、自分の生きる目的がちゃんと見えているということでもあります。また、「師匠ならどう言うだろう」と常に高い視点で自分を見られるので、それだけ成長もできるわけです。

最後は「自分を見つめる時間を持つこと」です。忙しいという字は心を失うと書く。客観的に自分を見つめる時間を持たないと、大事なことを見失って失速してしまいます。

高い人間性を持っている人は、いろんなかたちで自分の時間を持っています。その4つのほかにも僕がいいと思うのは「一流のものを観る」こと。陶器でも書でも、一流のものと向き合うことで不思議と自分が見えてくるんです。

三方よしの会社で成長していくために、人間性を磨くことも忘れないでください。

この三方よしをより進化させて、バグジーでは「5人の幸せ」と位置づけ、「お客さま」「働く人」「関わる業者の人」「地域の人」「家族」を幸せにしようと実践しています。

能力（スキル）

ビジョン（目標）	社風	能力（スキル）
プログラム	人が育つ	価値観
人間関係	環境	リーダーシップ

理論	時代にチューニング	スピード
基本	3章 能力（スキル）	対応力
提案力	アフターフォロー	改善力

Skill

能力（スキル）とは、
人を喜ばせて、
はじめて開花する。

その1

「理論」

理論とは、
家を建てるときの設計図のようなもの。

能力、スキルを高めるというと、どこか当たり前のように思われますが、すごく大事です。どんな職業でも、その仕事の能力が低く、下手だったらどんなにいい人でも成長できないし成功できません。

そして、スキルは一流でなければいけない。一流だからお客さんに選ばれるわけです。一流のスキルは理論と一対のものです。例えば一流の料理人は腕がいいだけでなく、食材の科学的な知識や栄養学、身体の消化器官のことなどいろんなことを学んでいます。そうでないと、目の前のお客さんに合った料理ができません。

身体がこんなふうに不調なんだなとわかったら、料理法や味付けをこんなふうに変えてみる。その元になる理論、知識がなければ腕は生かせないんです。

機械の修理をするのだって、機械の構造がわかってなければ変にいじって壊してしまうことになります。ここが案外、最近忘れられがちです。

早く答えが知りたい、教えたいということばかりになると、理論がおざなりで一つのことはできても応用ができなくなってしまう。それでは人が育たないんです。

それに理論がわかっていると会話力が上がります。

例えば、お客さんが沖縄の人なら「パーマがかかりにくいですよね」と話す。なぜかというと、かつて沖縄は水が硬水だったので、どうしても髪もゴワついて硬くなってしまうんです。「そうそう、困ってるんですよ」というように理論があるから会話ができるわけです。

また理論を深めていくと「動機」が明確になっていきます。あなたにこれをお勧めするのはこういう理由があるからですと言えるようになる。

言い換えると「なぜ」の大切さです。なぜ、それをやるのか。そのロジックをちゃんと考え、理解していないと人は成長しません。なんとなくやっていたのではお客さんも「本当に大丈夫なのかな」と不安になるし、本人もそれがうまくいってもちっともノウハウ化されないのです。

たとえば、髪の毛を短く切ることにも理論があります。髪を短くすることで肩幅が張っているように見えて、同時に腰の高さも高く見え、全体的にすらっとしたスタイルに見える。背の低い人がスタイルをよく見せたいなら、ショートカットはお勧めなのです。そんな話をするとお客さんは「じゃあ、思い切ってもう少し切ってみようかな」と思えるんですね。理論があるから、そこにアプローチできる。

理論がなければ「もっと短く切ったほうがいいです」と言っても「何で？」と言われてそこで終わってしまいます。

他にも髪を染めたいお客さんには、お客さんの眼球の黒目の部分を見て、色の明度を判断します。黒目の部分はその人が本来持っている色素なので、それに合うように染めないと「いかにも染めました」という感じになってしまうためです。

ほとんどの美容室ではそんな理論で説明してくれません。だから、ちゃんと理論を持ってるだけで「このお店は違うね」となる。

理論を持っていることは、お互いにハッピーになれる方法でもあるということです。

本物（一流）のスキルとは、理論と表裏一体なのです。いかなる職種においても、理論に裏打ちされたスキルでないと、応用も解説も提案もできずに結果に結びつかず、成長することができないのです。

3 能力（スキル）

その2

「時代にチューニング」

満足は腐敗のはじまりなんだ。

僕らの美容師の世界では「モード」や「トレンド」と言いますが、流行っているものをうまく取り入れるスキルをみなさんは持っているでしょうか。

例えば、今は女性も男性もパンツは細身になっています。でも流行の先を行くパリコレを見ると真逆。ダボダボです。ということは、もうすぐ日本にもその流れが来る。

これは、今、どんなにいいというものでも、世の中が進めばいいものではなくなる可能性があるということ。時代性をちゃんと持っていないとダメです。多くの人がいいと思うものを知っていないとどんな商売もビジネスもできません。

ですから、今のトレンドをわかっているというのも大事なスキルです。今の旬をちゃんと自分たちが提案できるかどうか。

そのためには時流を感じる意識も必要です。ちょっと流れが変わってきたんじゃないか。そういう変化に気づけることも大事です。

さらに変化に気づいたら、これからどんなものが求められるかも考えられるともっといい。まさに感性というスキルですが、美容師はこれがないと生きていけません。あそこはダサイと思われたら終わりだからです。

とにかく今は時代の流れが速い。僕らの感覚で常識だったことが今では通用しないこともすごく多い。例えば、かつては独り暮らしを始めるときは、新しい家電を電器店で揃えるのが楽しかった。けれど今は、お店に行かないどころかスマホで個人間売買のメルカリなどのアプリを使って安く揃えるのが当たり前みたいな感覚です。

時代を読むのに終わりはありません。継続してチューニングし続けないといけない。事業やビジネスで言えば「開発力」です。あるときだけ瞬間的に開発力を持つなんていうことはないわけです。ずっと研究し開発を続けるから、あるタイミングで時流をつかまえたヒットが生まれる。

「うーん。マズい！　もう一杯！」というCMで有名になった青汁販売のキューサイという会社が福岡にあります。すごくいい会社です。

創業者の社長さんは病気で倒れたとき、医師から毎日300グラムの野菜を摂りなさいと言われた。結構な量を摂ったけれど体が良くならない。それならと自分で調べてケールという野菜にたどり着いたそうです。すり潰して飲んだところ、すごく体が良くなった。そこから青汁販売の事業を始めて大きくなったわけです。

ところが、青汁が大ヒットしたとき社長さんは「これは、あかんばい」と言った。売れすぎるということは反動がある、だからその次を考えないといけないと思ったんですね。ここ、普通ではないですよ。大成功して自画自賛するのではなく、逆に危機感を持ったというんです。

そこで必死に商品開発をして生まれたのが「スーパーオールインワン美容ジェルクリーム」シリーズのコスメ。一つで保湿からパック効果、アンチエイジングなどいろんな役割を果たしてくれるもので、今、日本でもっとも売れているコスメの一つだそうです。

成功してもそこに安住するのではなく、常に時代にチューニングをして、何が求められているのかを見続けたからこそ、会社も伸びているわけです。

常に先見性を持ち、時代のニーズ、お客さまのニーズに耳をかたむけて、商品を開発したり、技術を改善したり、提案をバージョンアップしたりして、常に変化することを「良しとする」組織。そんな組織の中で、人は考え、成長していくのです。

その3

「スピード」

スピードとは
「考えて働く」ことのバロメーター。

今の時代、スピードはとても重要です。何かを頼んだらあっという間に出来上がったり、届いたりするとそれだけで価値がある。

スピードもスキルとして大切な要素なんです。というよりもスキルが高い人がスピードも速い。病院のドクターでも美容師でも上手な人は診断も見立ても速い。迷いがありません。

未熟な人、スキルアップできてない人ほど時間がかかります。何度も同じところでやり直したりしている。最適な器具を使えずに、二度手間になったり。それではダメです。

実は、スピードは僕の会社で美容師のスタッフに課しているテストの内容にもなっています。いくら腕があってもやたら時間がかかってしまうのでは価値が下がる。

「あの店、カットはすごく良かったんだけど3時間もかかったの」と言われたら、どんなにカットは良くても「切ってもらおうかな」とはなりません。

美容師のスキルで言えば、髪を染めたりパーマしたりするときに時間がかかるほど髪にダメージを与えてしまう。だからスピードは絶対に必要な要素なんです。

おもしろいのはスピードのある人をよく観察すると「段取り」が非常にいいのがわか

ります。仕事に取り掛かる前に必要なものが全部見えていて、そろってる。周りのスタッフにも事前に指示を出す。だから仕事が速いんです。

また、スピードは業績にも直結します。早くできることは生産性が上がるわけですから。では、どうすればスピードが上がるのか。それは「常に意識すること」と「反復練習」しかありません。

さらに定期的にチェックすることも大切。僕たちもボブカットを何分で行えるかというチェックを定期的にしています。そうしないと腕が鈍る可能性があるからです。

案外、自分がやっている作業がどれぐらいのスピードでできているのかを把握していない人も多いので、まずは意識だけでもしてみることをお勧めします。

作業中に「タイマー」を持つか、常に時間経過がわかるようにするのもいいでしょう。特に専門性を持つ職種や職人さんに必要となるケースが多いでしょう。「スピードアップ」を常に意識していると、自ずと生産性も上がり、お客さまの満足度も上がり、さらに時間に余裕ができることで、スキル以外のことにも取り組むことにもつながります。

時間短縮（スピードアップ）を常にレベルアップすることで、さらなる改善が生まれることにもなりますし、一人ひとりの成長にも必ずなるものです。

その4

「対応力」

いつも相手の喜ぶことを考え、
人の喜びの中で働くこと。

みなさんがどんな業種でどんな仕事をしていたとしても「対応力」があるかどうかは、とても大事です。「あそこは技術はあるけど、対応がいまいち」と思われると、それだけでせっかくの技術の価値が薄れてしまいます。

対応力も立派なスキルなのですね。対応力がいいことで、お客さまは気持ちがよく、滞在時間も心地よく、満足度は足し算ではなくかけ算となります。また、対応がいいことで、お客さまとの会話もはずみ絆も深まります。そうなることで、お互いの信頼度も上がり、再来店につながり、より多くの商品などの購入にもつながります。

僕は多くのお客さんを求めない代わりに、リピートしてもらってお店の商品やサービスを買ってもらいたい。そして、たくさんの常連のお客さまをつくり、生涯顧客になっていただき、生涯を通してのお付き合いをさせていただきたいと切に思っています。そのために、対応力とは最重要スキルだと言えます。

対応力を磨くために「コンピテンシー」という考え方があります。高い成績を上げている人の特徴・特性を学ぶ、真似するというもの。

例えば、「入店時のあいさつ」というテーマを決めて、その対応に対して0を真ん中にしてマイナス3からプラス3までの「言葉かけ」や「態度」を当てはめていきます。

「0」の人のあいさつが「相手の目を見てはっきり言う」であれば、マイナス1の人は「面倒くさそうにあいさつする」マイナス2は「あいさつしない」というようにみんなで考えます。反対にプラス1のあいさつが「笑顔で元気よく」だとすればプラス2はそれを上回るものは何だろうと考えるだけで相当勉強になるんです。

ほとんどの人は自分の対応のレベルがどうなのかわかっていません。自分では当たり前にやってることが多いからです。なので、コンピテンシーを意識するだけでずいぶん変われるのです。マニュアルをつくるよりも、実際に結果を出している人、多くのお客さまのファンをつくってる人が何をしてるかを学んで真似たほうがいい。

本当にすごい人はプラス5とかプラス6レベルのことをしています。それを知って自分なら何ができるかを考えると対応力でものすごく飛躍させることができるんです。

こんなこともありました。バグジーのリーダーのひとりの女性はリピート率99％でかなりすごいのですが、それでも東京にいるリピート率100％の超すごい美容師のところに勉強に行った。毎月、月20日営業で一人で1000万円売り上げる伝説的な美容師です。

その美容師が彼女の靴を見て「その靴、営業中も履いてますか？」と聞いたというのです。「はい」と答えると「もっとがんばってくださいね」と言われたそうです。つまり、本当にお客さまの前で動きやすい靴かどうかまで考えていないことを見抜かれたんですね。そんなところから「対応力」は生まれてくるわけです。

また対応力を上げるには、スタッフみんなのマインドを揃えることも大事です。朝礼や夕礼などでお互いのいい対応やコンディションを共有し合ってみてください。その積み重ねでも対応力は上がっていきます。

もう一つ、対応力を上げるのに大事なのは「suitability」（スータビリティ）という考え方。美容師の世界では「似合わせる」と言います。そのお客さんがいちばん大事にしているものに合わせてカットをするやり方です。その人の仕事が事務仕事でパソコンに向かってる人なら、髪の毛が邪魔しないようにカットするというもの。

これからは全員に一律に同じサービス、対応をする時代ではないんです。その人にちゃんと合わせて仕事することが「対応力」なんだということを覚えてください。これからは「ワンツーワン」「フェイススツーフェイス」の対応力が求められているのです。

3　能力（スキル）

その5

「改善力」

改善とは、今に満足しないという心。
改善にゴールはない。

今より良くするにはどうしたらいいか、どうすればもっと良くできるか。そうしたマインドを持っている人や事業は成長できます。

そのために、僕たちの店でやっているのは「自分たちの理想とするお客さん像」を決めること。そのお客さんにはどうすれば響くのかを考えるわけです。

これは「ペルソナ」と呼ばれるやり方です。例えば、久保裕子さん（58歳）というお客さんをペルソナとして設定するとします。

ご主人は外資系企業の部長職で年収2000万円。夫婦共にマリンスポーツが好きで海の近くに戸建ての家があり、海外のリゾートにもよく出かけて、このファッションブランドのファンで、イーグルスの曲をよく聴いていて、好みの色は――というように自分たちが理想とするお客さん像を細かく描くんです。妄想ゲームで構いません。このお客さんを喜ばせるにはどうしたらいいかをみんなで考えミーティングしていく。ペルソナを設定したことでみんなの想像力も膨らみやすくなります。

世の中のすべての人をお客さんにすることなんてできません。なので、自分たちのお客さんになってほしい人をこちらから設定して、その人に来てもらえるようにするにはもっとどうすればいいかを考えるわけです。

すると、例えばこのお客さんを喜ばせるにはワインの勉強をしたほうがいいと気づきます。ペルソナのお客さんがワイン好きで海外のワイナリーにも年に何度も足を運んでいる。そうしたら一本数百円のワインしか飲んだことがなかったら話にならない。

こちらが勉強することで「この美容室に来たらナパヴァレーのカルトワインの話もできる」と思ってもらえてリピートしてもらえるようになります。

目の前のお客さまを大切にして質の向上をすることも大事。さらに、もっと上の理想のお客さまをペルソナで設定して、その人を喜ばせるために改善することも同じくらい大事だと思ってください。

そして、自分たちの質を上げていくにはやはりベンチマークです。いいものを見て、そこに近づくのがいい。

あのホテルのサービスはすごいと言われるホテルがあれば実際に泊まってみたり、評判の飲食店があれば足を運んでみたりという当たり前のことはしたほうがいい。

改善をするなら現状から一歩踏み出して「よりいいもの」を見ないとダメです。どうしても僕たちは現状をそれほど悪くないと思ってしまいがちなので、なかなか脱皮できない。いいものを体験すると、そこを理屈抜きに抜け出すことができます。

スキルもそうですが、改善にも終わりはありません。なぜなら、どんどん新しいスキルを持った新しい人たちが出てくるからです。自分たちはもう何十年もやってきて実績もあるんだからと改善をなおざりにしていたら、いつの間にか新しいスキルを持った人たちに追い抜かれて落ち目になっていきます。

そうならないために自分たちのスキルを常に磨いていく。もっと上を目指して改善していくことを忘れないでいてください。

その6

「アフターフォロー」

一流は、自分の作品(能力、スキル)に
責任を持つ。

自分たちのスキルを上げていくためにアフターフォローは大切です。美容師なら髪を切ったりパーマをかけた後、販売員なら商品を売った後のケアです。

僕は本当の意味での商品価値はアフターフォローにあるんじゃないかと思っています。商品に差がなくても、アフターフォローの差は相当大きい。最後まで面倒をちゃんと見ようとする人や会社は本当に少ない。だからそこで差が出るんです。

なぜ大事かといえば、そこでエンゲージメント（愛着や強いつながり）が生まれるからです。それがないと「次」に繋がらないからです。

よい商品やスキルであっても、アフターフォローをしっかりしていないと、俗にいう「売ったら売りっぱなし」となって価値がぐんと下がってしまいます。来店していただく前より、来店していただいてからが本当の勝負だといえます。しっかり責任を持ってお客さまと向き合い、出会ってからの誠実さ、責任感を続けていきましょう。

また、アフターフォローをきちんとやるには、お客さまのロイヤリティ（来店頻度、利用頻度）に合わせたことをやることも大事です。

お客さんを差別してはいけないけれど、ちゃんと区別しないといけない時代です。初めて来てくださった人と、もう何十年も来てくださっているお客さまへの対応、アフターフォローが同じ方が不公平だともいえるからです。そのお客さま相応に喜んでいただけることも重要となります。

どんな商売でも常連のお客さんは、やはり「特別にしてほしい」という心理を持っています。飲食業界でアンケートしたところ、常連のお客さんがいちばん喜ぶサービスは「常連だけの裏メニュー」だったそうです。自分にだけメニューにない料理が出てくると、またその店に誰かを誘って来たくなるものなんですね。

アフターフォローは言い換えれば、買った後の保証がきちんとしているということでしょう。一流ブランドのバッグなら、もし不具合があっても必ずきちんと対応してくれる。その安心感があるから、それなりの金額を出して買うことができるわけです。

さらに、自分たちが提供している商品やサービス、スキルの「賞味期限」を伝えることもアフターフォローです。

僕たちなら「このパーマは2カ月は持ちます」ということを伝える。それを伝えなければ、3カ月目以降になってパーマが取れてきたときにお客さんが不信感を持ってしまうかもしれません。最初に、きちんとその後のことまで伝えることがエンゲージメントになるんです。

これからの時代は特にアフターフォローを明確にできているかどうかが大事。商品やサービスで差がつけにくいからこそ、そこがポイントになるのではないでしょうか。

エンゲージメントが出来ていれば、お客さんは新しい店や競合が現れても自分たちのところに来てくれます。エンゲージメントが薄ければ、簡単に出て行かれてしまう。そこをつなげてくれるのがアフターフォローだということです。

その7

「提案力」

期待をひとつでも超えること、
それがプラスアルファの魔法。

どれだけいいスキルを持っていても、お客さんにいちばん合うものを提案できなければ、スキルが生かせているとはいえません。

近江商人の商売十訓に「無理に売るな、客の好むものも売るな、客の為になるものを売れ」というものがあります。普通に考えたら「お客さんが欲しがってるものを売って何が悪い？」となりますよね。

ですが、お客さんも本当にそれが自分にいいものなのか分かってないかもしれない。流行りだから飛びついたけれど自分には似合わなかったということもある。それをこちらが考えて、その人に本当にいいと思うものを提案しなさいという教えです。

例えば、僕の店に「白髪がどうしても気になるから」と数週間に一度のペースで来るお客さんがいる。売り上げを考えたら有り難いけれど、髪が伸びる早さよりも染める方が多いと、以前に染めたところまで何度も染めることになり髪が痛むんです。

だから「そんなに染めないほうがいいですよ。見えるところだけにしましょう」と提案する。これも本当にその人のことを考えた提案です。

他のお店に行くと、お客さんが染めたいと言ってるなら全部染めて1回8000円かかる。僕の店なら、必要な部分だけ1回2000円。それで、髪も傷まないし、何度も来てもらうほうが僕らも売り上げになるしお互いにいいわけです。

本当にお客さんのためになることを提案するほうが自分も店も成長できます。この人には何を提案すると、期待を超えられるのか。そこを実践していくことです。

提案力がないと想定内の満足にしかならず、提案することによって想定していた満足を超えることとなり、言い方はよくないかもしれませんが、満足だけならいつか「あきられてしまう」んですよね。お客さまの期待を超えるキーワードが提案力なのです。

評判を聞いてバグジーに初めて来られたお客さんは、スタッフが「○○さんの髪はこんなふうになっていて、こういう特性があるから、ここはこんなふうにカットしたほうがいいですね」と、ちゃんと自分の髪をプロの目で見てもらって提案してもらえることに驚かれる人が多いです。自分の髪をそんなふうに教えてもらったことがないと。

提案力を徹底するのは、これもお客さんとのエンゲージメントが強まるからです。

今日、こんなふうにカットしていい状態になった。これは何月何日ぐらいまで持ちます。その頃にはまたカットに来てください。その頃は、暖房で乾燥した時期だから髪もパサついてると思うのでタンパク質も補充します――と先の提案までする。

そうすると、年間来店回数が増え、単価も上がります。でも、それ以上にお客さんは自分の「いい髪の状態」が維持されるので満足されます。

大事なのはお客さんがワクワクするような期待が高まる提案ができるかどうか。美容室なら「1回でこんなふうなら1年ずっと通ったらどんなに素敵になれる？」とお客さんが期待するような提案力を持ってほしい。

せっかく、いろんなスキルを持っているのに、誰にでも同じことをして何も提案がない人も結構いるし、そういうお店も少なくありません。

それではもったいないし、そういうものでは人は育たない。提案力とスキルはお互いに補完し合う関係です。いい提案をしようと思ったら、それができるスキルをつける必要がありますし、いいスキルはいい提案によって生かされるわけです。

その8

「基本」

基本をしっかり学ばないということは、
砂場でテントを立てるようなもの。

すべてのスキルに共通することですが「基本」はいちばん重要です。独特の書体で有名な書家の相田みつをさんの写経を見たらわかります。びっくりするぐらい字が上手い。だから、あんなふうに崩した文字も魅力があるんです。

達人なんだから当たり前と思うかもしれませんが、逆に言えば基本がずば抜けているから達人になれるわけです。

基本とは、家を建てるときの基礎工事のようなもので、基本をしっかり学んでおかないと、グラグラと安定しない家になってしまいますし、二階や三階建ての高い家をつくったりすることもできません。

ですから、安易に考えずに十分なレベルに達するまでトレーニングする必要があります。いかなる業種であっても基本を学ぶ期間をしっかりと確保すること。また、自社のオリジナルの基本スキルを体系化することもまた重要となってきます。

バグジーでは、自社でその基本を中心にマニュアルをつくり、ビデオにしてみんなで共有しています。入社してからの「あいさつ」からはじまり、対応からシャンプー、そしてカラーリング……とステップが100段階くらいに分かれて用意されています。その各基本のステップのテストに合格した人は、次のステップに上がれる仕組みです。

この基本を中心とした教育を体系化したものを「キャリアパス」といいますが、そのキャリアパスの内容が充実していて、明確になっていて、共有化されることが、一人ひとりの成長へとつながっていくのです。バグジーのキャリアパスの最終講になりますと、財務や労務などのスキルも学び、そのまま経営者になれるようにつくられており、15年ほどでクリアできるようになっています。

これを構築することで、大きくふたつの効果があると思われます。

ひとつには、キャリアパスの階段を一つひとつクリアしてくことで、本人の成長が実感できるということです。働く人の大きな「やりがい」につながります。この階段を一段また一段と登っていくと、その階段から見た景色が自分の「成長実感」となり「やりがい」へと変わっていくのです。また、このキャリアパスが明確で、共有していることで公平感もあります。この公平感もまたやりがいとなっていくのです。

そして、もう一つには、目の前に学ぶことがはっきりしているので、それにトライすることで仕事が楽しくなり、離職率が下がっていくのです。逆にいうと「ここの職場ではもう学ぶことがなくなった」と感じることで、離職へとつながっていくのです。社員さんは学ぶことがなくなると仕事が作業となってしまい、マイナス面の感情が増えてくるのです。

ですから、しっかりとした基本を中心としたキャリアパスをつくることは、働く人の「やりがい」と、仕事の「楽しさ」を引き出す。そして、長く楽しく働ける会社に変貌する力となるのです。

基本をしっかり学ぶことは、言い方を変えると「生きていく術を身につけている」と言えるのですから、自分のためであり、そしてお客さまのためとなるのです。基本中心のキャリアパスを構築し、足腰の強い、心根の強い社員を育てられることになるのです。

ぜひ自社の確固たる基本をつくり上げてください。

価値観

ビジョン（目標）	社風	能力（スキル）
プログラム	**人が育つ**	価値観
人間関係	環境	リーダーシップ

積極的な精神	長期的な視点	全体的な視点
利他的	**4章 価値観**	多面的な視点
人として大事なこと	根本は何か	向上心

Values

あらゆる岐路に
立ったときの
判断基準を共有すること。

その1

「積極的な精神」

問題は問題ではなく、
問題をどうとらえるかが、
真の問題なんだ。

人のモノの見方、考え方、とらえ方はすべて「価値観」がベースになっています。人が育っていくには「人が育つ価値観」がなければいけません。逆に言えば人が育つ組織には「共通の価値観」がみんなにあるとも言えます。

その中でも最初にくるのが「積極的精神」という価値観です。積極的に自分から動く、取りに行く精神がなければ望むものは手に入らないからです。

積極性の中で、いちばん身近なのは「言葉の使い方」です。声に出して言う言葉だけでなく、心の中でつぶやく言葉の使い方も重要です。

どんな言葉を使うか。何かにつけて「あいつはダメだ」という言葉は、聞いた人がムッとしたり嫌な気持ちになる。病院で「相当、状態良くないですね」なんて言われたら重たい気持ちになります。これは言葉のエネルギーにやられてしまうわけです。

反対に「すごいね！」「いつもありがとう！」「楽しみだね」という言葉をかけられたら気分が上がりますよね。言葉を通してプラスのエネルギーを受け取っているからです。

自分が何を見て、何を考え、何を思うか。常に「自分はダメなんじゃないか」というマイナスに考えるのか、「自分はできる」とプラスの積極的精神を持って、前向きな言葉を使っているかで育ち方は大きく違ってきます。

言葉の使い方と行動は、自分の価値観そのものです。「どんな苦しい目にあっても、どんな思いがけないことにあっても、日常と変わらず平然と対処する。これこそ積極的精神である」ということを思想家であり実業家だった中村天風さんが書かれていますが、すごいと思う。積極的精神はプラスのものごとだけではなく、マイナスのものごとのときにも持つことが大事だと教えてくれています。業績が良くても悪くても調子に乗ったり落ち込んだりせずに平然とできる。そういう人が本当に成長できる人でしょう。

具体的には「ないものを数えず、あるものを数える」というのが一つ。自分の周りにはこんな人しかいないというのでなく、周りにいる人が持っているものを考える。

さらに「〜がないからダメ」という言い方をせず「〜をしたらもっと良くなる」というプラスの言い方を常にすることです。成功している人はみんなそうです。

失敗したときも積極的精神がある人は「これをやったらダメなんだってことがわかったからよかったよ」と前向きにとらえている。だから、失敗を恐れない。失敗しても学ぶものがあるという積極性があるからです。そういう人はどんどん成長していきます。

僕は失敗にもリターンがあると思っています。うちのスタッフが集客のためにドイツビールをプレゼントする企画で失敗しても「若い子の発想がつかめてよかった」と思いました。ドイツビールの知識も増えたし、ビールの販社の人とのつながりもできた。他にも、美容室なのにビールの企画をするなんておもしろいと思ってもらえたら、それだけでも意味がある。バグジーというブランドにもリターンが得られます。

結局、積極的精神があればどんなこともプラスに持っていくことができるんです。うまくいくことだけを追い求めていたら人は育ちません。成功か失敗かは結果にすぎない。積極的精神があることのほうが大事。一度で成功できなくてもいい。たくさんチャレンジして失敗もして、そこから学んで成功できる環境があれば人は育つのです。

また、この積極的精神を維持することはとても難しいことです。自分を常に客観的に見るようにクセづけすると、消極的になりそうな自分を修正することができます。また、できるだけ積極的精神を持つ人と共に時間を過ごすことで、また、積極的精神はより強く維持できるのです。

その2

「長期的な視点」

遠くを見る鷹の眼と、
目の前を見る蛇の眼を持とう。

人生でも経営でも、今すぐはプラスにならないけれど、長い目で見たら絶対に必要なことがあります。

昔、徹底した成果主義でスタッフが辞めていったときに気づいたんです。それまで「仕事はお金を稼ぐためにやるんだ」と堂々と言っていた。

これだけ売り上げればこれだけ給料が上がる。まさに超短期的なことしかみんなに見せないようにしていたから、ついて来れない人がどんどん辞めていきました。

そこで経営を180度変えて軌道修正しました。これからは自分たちのためだけでなく、地域の幸せにも貢献できる店にしよう。そう言って、地域の児童養護施設に売り上げの0・02％を寄付するタイガーマスクプロジェクトを始めました。

実は、そのときの僕はずるかった。これを始めればスタッフに僕が変わったと認めてもらえるだろうと思ってたんですね。これは今だから言えることです。

けれども、そんなふうに自分をごまかすために始めたことが長期的には会社にとってもみんなにとっても素晴らしいことになったんです。現在まで20年続けられたという事実は、今すぐつくろうと思ってもできない。コツコツですが、多くの寄付につながり、バグジーが地域からもいろんな表彰をされ認められる存在になれました。

社会貢献やスタッフ教育への投資などは、今すぐ経営やスタッフにプラスのことがあるかなんてわからない。でも長期的に考えればプラスになります。

僕の会社には研修センターという施設があって、技術的なものも含めていろんな研修をします。作るのに数千万円という費用がかかるので銀行に融資の相談に行きました。すると、銀行から「社長、それは無理。売り上げに関係ないでしょ。店を出すなら融資するけど」と言われた。

でも僕は逆に銀行に「それは勉強不足じゃないですか。今じゃなくて、5年後、10年後にもっといい会社にするために、もっと売り上げを上げるためにスタッフを育てる投資をするんです。だから融資してください」と言って貸してもらったんです。

結果的に、今、研修センターも持っていることは大きな強みになっています。現在では職業訓練校としての認定も受けているので、小さな学校としても運営できています。

どんなことでも最初は大変です。井戸を掘っていくときも最初は泥水しか出ない。かき出してもかき出しても泥水が湧いてくる。こんなことをして何になるんだろうかと弱気にもなる。やがて、少しずつ泥水が少なくなっていく。これは水が枯れたのかなと思ったぐらいになってようやくきれいな清水が湧いてくるんです。

目の前の泥水だけを見て井戸掘りをあきらめてしまったら、永遠にきれいな水を手にすることはできません。

人生全般なんでもそうだと思います。今しか見ていない人、見えていない人と長期的に見ている人では後から大きな差がつきます。

長期的にものを見る、考えるという価値観は「判断力」ともいえます。何か判断するときに「これは長期的に見てどうなのかな」という視点を入れてみてください。

僕の会社では入社式に、親御さんから「今まで育ててきた気持ち」を手紙にしてもらったものを読み上げるんです。みんな、そんなふうに親から自分が育ったことの素直な気持ちをあらためて聞くことがないのでボロボロ泣きます。

これも僕は長期的に必要だと考えて始めました。家族みたいな会社をつくるには最初に素の自分を見せないといけない。だから、親の手紙で泣く姿をあえてみんなに見せる。人の気持ちがわかる人間じゃないと僕たちの仕事はできないから、あえて最初にそんなことをするわけです。

そのときはわからなくても後になって長期的に見たときに、すごく意味があったと思える。そういうことを大事にできる人や組織が成長できるのです。

その3

「全体的な視点」

常に「みんなにとってどうなんだろうか」
「みんなが良くなるんだろうか」と、
自分に問いかけること。

「木を見て森を見ず」という言葉があります。目の前のことだけを見て、周りや全体が見えていない。全体としてどうなのか。そういった視点で考えることも大事です。「みんなにとってどうなのか」という合言葉を共有するのも価値観の一つだと考えています。自分がスタッフから見ていい評価をもらっていても、お客さん、取引先、地域の人、家族から見て、いい評価をもらえるのか。

そういった全体観を持って自分のことを見る、考えるのが大事なのですが、意外にできないんです。みんな知らず知らずに一部だけ見てしまいがち。

たとえば、スタッフの業績ランキングのようなものを貼り出して競わせている会社がありますよね。あれもまさに全体が見えていないんです。そうでしょ、業績のトップクラスの人たちにとっては喜ばしいことでしょうが、最下位の人はどうでしょうか。言い方は悪いですが、地獄の日々ではないでしょうか。もしランキングなら、誰もがライバルは昨年の自分ですし、低いながらも昨年より伸びていることでやりがいも出るし、励みになるでしょう。まして、同じ会社に勝者と敗者をつくっていることは、本当に全体が見えていないということです。

もっと言うと、その営業にたずさわっていないけれど、見えないところで素晴らしい仕事をやってくれているスタッフもいるでしょう。その生産性や業績にたずさわっている人だけに光を当てられていないことにもなっているのですからね。その目に見えない縁の下の尊い人たちの仕事が、あたかも雑用のようになってしまうのです。

また、全体（全員）を見るということで言うと、みんなの中で「できない人」から目を離さないことも大事なことです。なぜなら、そうすると「弱い人」を助けるという社風ができていくからです。

あるとき、知り合いの歯科医の先生から、医療詐欺に遭ったと電話がありました。高額な治療費を払わずに逃げられたというわけです。常に気を付けるようにスタッフに言ってたのに、防げなかったからスタッフに弁償させようと思ってると僕に言いました。

僕はその先生に言ったんです。その話を聞いた周りのスタッフや家族、友人はどう思う？　と。僕なら「高い勉強代だった。これからこんなことがないようにシステム考えないけんね。どうする？」と言うよ。そうしたらスタッフも「私たちの責任もあるのにあの先生は許してくれて、いい勉強になったって笑ってくれた」となって、もっとがんばってくれるから。騙されたと思ってそうしてみてとアドバイスしました。

数日後、連絡がありました。僕が言ったように「高い勉強代やったね。損した分、みんなで取り戻そう」と話したら、みんな泣いて「もっとがんばらないけんね」とこれまでになかったぐらい医院の中がいい感じになってるんですと報告してくれたんです。

全体を見て、そのとき弱い立場に置かれてる人を助けられるかどうか。そこがちゃんと判断できると、全体の空気が変わります。全体を見る目を持っていると、どんなマイナスもプラスにすることができるのです。

その4

「多面的な視点」

本当の実像は一面だけでは見ることができない。視点は一面では意味がない。

全体的に考えることと「多面的」に考えるのは似ているようですが違います。多面的とは文字通り、ものごとのいろんな面から見て考えることです。

会社で言えば、例えば会社のすべてのスタッフのことを考えるのが「全体的」に考えること。それに対して、会社の持ついろんな側面、たとえば財務面、労務面、もろもろの立場からも考えることが「多面的」に考えることになります。

僕は美容師なので、ヘアデザインも正面からだけでなく、いろんな角度から多面的に見るのが当たり前になっています。

僕が自分の会社を多面的に見るときに、いつも考えるのは「新入社員から見てどうなのか」ということや「スタッフの家族から見たらどうなのか」という面です。

僕たちが当たり前と思っていることも、新入社員から見れば「なぜ?」と思うこともある。自分たちの常識が新入社員にも即通じるとは限りません。だから彼らの目線から見てみる。

また、スタッフの家族から見てもいい会社なのかという見方もします。スタッフの家族から会社に不満や不安をもたれていたら意味がないですから。

スタッフの家族にも僕が手紙を書くようにしたのも、そういう理由があるからです。

多面的に見ると「実像」が見えます。自分で勝手にイメージしている姿ではない本当の姿です。その中で大事にしないといけないのは、いかなる側面のレベルを上げつつ、自分の強みの面はちゃんと分かっていて、そこはもっと良くできないかと考える。

僕は陶芸が好きで、備前焼などの素焼きの陶器が好きなんです。なぜかというと、見る角度によって印象が違うからなんです。すごく味わいがある。

人はどうしても自分が見やすい面からしかものごとを見ようとしないものです。それでは多面的な見方はできない。

僕は年に数回、必ず新入社員とだけ一緒に食事をする。僕の話が、普通は店長からチーフ、先輩を伝わっていくけれども実際に彼らはどう思っているのかは直接ちゃんと話を聞かないと見えないからです。

1回目は入社してすぐ。2回目は夏休みの後。3回目は年末というように……。そこで話を聞くたびにいろんな改善点が見えてきます。もちろん、やっていてよかったことの確認もできる。

まだ会社に染まり切っていない新入社員の目、感じ方という「面」から見させてもらうことで、自分たちでは気づかないことに気づく機会を与えてもらえるわけです。

また、スタッフの家族という「面」も大事。スタッフが仕事に一生懸命になれるのも家族の力があるからこそでしょう。会社が家族から嫌われていたら、会社がどんなことをしても理解なんてしてもらえないし、応援も得られません。

もし、何かあれば「そんな会社辞めたら」と言われてしまう。だから僕は、会社のいろんな面の中でも「新入社員から見たら」というのと同じぐらい「スタッフの家族から見たら」という部分をすごく大事に考えています。

いろいろな側面から見た自社の実像を常に意識して、あらゆる面から見てもいい会社を目指したいものです。

もちろん、他にもたくさん大切な面があり、財務面から見ていい会社を目指すことも、労務面から見ていい会社を目指すことも、地域の方から見た面も…いろいろな面から自社を見て、どの面から見てもいい会社を目指していかないと、バランスの悪い会社になり、永続することはできないのです。

その5

「向上心」

いつでもいつまでも不完全だと思って、
常に完全を目指す。

今の自分、今の会社の状態がすごくいいものだとしても、そこで安心してしまっては次の成長はありません。それどころか、安心している間に他に抜かれてあっという間に落ち目になる危険が潜んでいます。

今のままでいいのか。なにごとにもそんな「価値観」を持てるかどうか。言い方を変えれば、もっと進化したいと思うかどうかです。

進化をもたらすために大事な要素は四つあります。一つは「常に危機感を持っている」ことです。今はたまたまいいお客さんに恵まれているけれど、このままずっといい状態が続くだろうか。そういう危機感がなければ、もっとお客さまに喜んでもらうにはという向上心は出てきません。

危機感を感じるには繊細なセンサーを持つことです。僕の会社でも、売り上げのいいお店でも、「一日の最高売り上げ」がずっと更新されないままというのは、とても危機感を抱きます。これはヤバいなと思う。普通なら危機感は持たないかもしれませんが、そういうところに「何か」を感じられるかどうかなんです。小さな兆候こそ見逃さないことです。明らかになったときには手遅れになってしまいます。

二つ目は「鮮度」を意識することです。なぜなら会社は生きものだから。新しい店をオープンして「すごいね」と言われても、10年後も「すごいね」と言われるかどうか。もし言われなければ、もう鮮度が落ちて「昔はよかった」というだけになっています。今どんなに流行っている商売でも、10年後もそのまま人気で鮮度を保つのは相当難しい。改善と進化をし続けないと、ほとんどは消えていきます。

鮮度を保つコツは小さな改善を大事にすることだと僕は考えています。店の内装をリニューアルするような大きな改革だけでなく、デザートの中身を変えるような小さなことが鮮度維持に繋がるからです。

進化をもたらす要素の三つ目は「向上している会社しか人財は育たない」という点です。進化なき会社にスタッフの定着はありません。自分にできることしかやらないのでは、次第に成果も出なくなり、仕事がつまらなくなる。で、辞めていくわけです。

例えば、僕の会社ではいろんな勉強会をしていますが、最近では栄養士の先生に来てもらって栄養学を学んでいます。髪を扱う美容師でも、お客さんに内面からきれいになってほしい、そんなお手伝いができるようになってほしいからです。

僕の会社の進化はそういうところなんです。新しいことを学んで身につけるから、仕事が楽しい、お客さんにも常に来てもらえる、すると、スタッフも辞めないいんです。

自分が伸び悩んでつまらない、お客さんも増えないとなったら自分がもっと学んで進化するしかない。お客さんのほうを変えることはできないのですから自分が変わるしかないわけです。

最後の四つ目は「お客さまのニーズに沿う」ための進化をすることです。結局、何のために進化するのかといえばお客さまを喜ばせるため。お客さまが何で喜ぶかも変化し進化するのですから、5年前、10年前と同じことをしていたのではダメなんです。

常に向上心を持ち、創意工夫を怠らずに変化を好み、日々過ごすことが、進化・成長につながると信じています。

その6

「根本は何か」

一番大切なことを
徹底的に大切にし続けること。

根本を考える価値観とは、「自分の会社の根は何なのか」を考えられることです。

例えば、僕の会社ではペットの美容室のほか、カフェ、パン屋さんといった飲食事業も行っています。僕の会社の柱は美容室です。その根本から考えて、美容室のお客さまの髪をきれいに整えて、おいしい野菜料理も食べてもらい、くつろいだ時間も過ごしてもらいたいという想いから、こうした様々な事業は生まれたものなので根本的に間違っていない。なんとなくやっているわけではないのでお客さまにも支持されています。

根本的であることは根が深いんです。浅いものなら根にはならない。自分の会社の根になるものだろうかという価値観で考えることが大事です。

さらに言うと根は目に見えません。見えないけれど土の中でしっかり根が張れているかどうか。

僕たちなら「スタッフを大切にする」というのが根で、それは直接お客さまの目には触れないかもしれない。でも、そこがしっかり張れているから木の枝葉や実をたくさんつけることができてお客さまを喜ばせられるんだということなんです。

もし、会社の幹部がちょっとおかしなことを言っていたら根本が揺れているんじゃないかと感じないといけません。いくら見た目にはいいことをやっても、自分たちの根本から外れていたらうまくいかないんです。

一つのことに執着しすぎて進化をしないのはよくない。でも、自分たちの本業、根本を忘れてしまうのももっとよくない。

人はどうしても目に見える部分に左右されがちです。ライバルが自分たちが持っていないものを持っていて人気を集めていたら気になる。それが根本に合うものなら、そこに追い付こうとするのもいいですが、根本から外れるならやらなくてもいい。そういう根本を大事にする価値観は絶対に忘れてはいけません。

「根深ければ葉繁し」の言葉通りに、自分たちの根（軸）から外れず、立派な根をつくることが大切です。

要するに、変えざるものをしっかりと持ち続けることです。自分たちの会社は「何のために存続しているのか」「自分たちがいかなるときも、中心軸において、変えてはいけないものは何か」をしっかりと共有し、実行し続ける心がないと、人は成長しません。

言い方がわかりにくくなるかもしれませんが、変えざるものがあるから変わることになるのです。

「社員の幸せのためにバグジーは存在する」という変えざる大切な根本があるからこそ、

その社員の幸せの形が変わってきたならば、行動を起こし、それを達成するために変わっていける。社員が幸せと感じてくれるように、労働条件や体制を改善して変えていくことであったり、根本をつらぬくためには、時を経て変わりゆく環境に応じて臆することなく変えていけることもあるということです。

逆に根本を忘れた組織は、フラフラ横道にそれたり、してはいけないことに手を出したりしてしまうということになるのです。常に一番大切なことを徹底的に大切にすること。これこそ根本だと信じています。

その7

「人として大事なこと」

損か得かではなく、
正しいか正しくないか…、
さらに美しいか美しくないか…

人の道から考えてどうなのか。人を尊重できているのか。これも大事な価値観です。儒教を基にした「徳の経営」で言えば「仁」と「義」です。「仁」は人が座布団に座って睦まじくいられる姿。常に相手のことを想って接しているかどうかです。「義」は利欲よりも、人としてなすべきことをすることです。スタッフやその家族、お客さま、取引先、地域の人。自分が関わるすべての人に対して人道的に接しているかどうかを考えて行動する価値観が大事なんです。

これは、何をおいても「人」をいちばんにしているのか、「人」以外のものをいちばんにしているのかの違いでもあると思います。業績を上げる人が良くて、上げられない人はダメとするのは「人」を見ていることにはならない。

僕たちはスタッフを売り上げという業績だけで上から順に評価したりしません。売り上げのグロスではなく、その人が去年よりどれだけ成長したかの成長度で評価します。そうすると組織の中に勝者と敗者がいなくなるんです。みんな成長すれば、みんなが勝者。人を大事にする経営はそういうことです。

遅刻の回数によって罰金を取るような会社もありますが、僕はそういうのはおかしいと思う。無遅刻無欠勤を褒めるのはいいけれど、人に何か罰金を科すのはおかしい。

本当に人を大事にしているのなら、なぜ遅刻するのかを考え、その人と一緒にどうしたら遅刻しなくて済むか考えてあげたほうがいいでしょう。どうしても遅刻する人なら同僚が迎えに行く。僕の会社はそうしているので遅刻する人がいないんです。

お客さまに対して「人道的」であるのは、お客さま一人ひとりに合わせてあげることがいちばんだと思います。たとえば、どうしても仕事の関係で夜遅くにしか来られないお客さまがいれば、その人のために月1日だけ営業時間を延長するというのもそうです。僕は基本的にお客さまとの関係は「親友」のようになれるのがいいと思っている。自分の親友ならどうしてあげられるか。そういう価値観です。

お客さんだと思うから難しくなる。自分の親友と思えば解決できることは多いんです。営業時間を数分過ぎたときに親友が店に来て「もう閉店です」と事務的に断る人はいないはず。「いいよいいよ」と言うでしょう。だったら、お客さんにもそうしてあげればいいだけですよね。

お客さまには「例外」をつくってあげることも大事です。本当にそのお客さんが喜ぶなら「例外」も迷わずやってあげる。そういう組織や会社が人道的だと僕は思うんです。人としていいと思えることをするのは「当たり前」のように思われるかもしれません。

だけど、その当たり前が意外にできていないんです。どんな人でも「大切」と思って行動できているか。自分の一日をビデオにでも撮ってみたら、身近な人に冷たく返事していたりしているかもしれない。

自分は「できている」と思うのではなく「できてないかもしれない」と思って意識でき、人を大事にすることを継続できる人が成長できるのです。

「その人にとってどうなのか？」「その人のためになるのか？」、いつも人（相手）を大切に考えることが、心を育み豊かにするのです。

そういう日々の凡事徹底を大切にすることです。朝起きたら家族に明るく元気に「おはよう」と言い、ご飯ができたなら「ありがとう」「おいしかった」と言う……、そんな当たり前のことをちゃんとやること。親を大切にすることもそうです。とにかく、周りの人に誠実であること……。ゴミを捨てない、ゴミを見たら拾う。障害者の方の駐車スペースには車を停めない。そんな細かな行いを人としてちゃんとしていくこと。周りの人を幸せにした総量こそが、自分に返ってきて人生はつくられるのです。

人を大切にすること。人を尊重すること。それを実践し、伝えていってこそ、人は育つのです。

その8

「利他的」

自分のしてほしいことを
相手にしてあげること。

利他とは「自分のしてほしいことを相手にしてあげること」です。普通に生きていて「利他」と聞くとすごく難しいものに感じるかもしれませんが、そんなことはありません。

たとえば、4人で外にご飯を食べに行くとします。僕はステーキと思っていても、一緒に行く3人が「ピザ食べたいよね」と盛り上がっていたら「じゃあピザにしよう」と言ってご飯を食べることにする。そんな小さなことも立派な利他的行動なんです。それができない人は「利己」ですね。自分の思い通りにしないと気が済まない。普段の生活でも10％ぐらいは損をするつもりでいるといい。それぐらいならできますよね。少しぐらい損ができる人は相手から慕われます。

たとえば、僕を含めた3人のグループで、誰かが僕にリンゴを10個持ってきてくれた。それをどう分けるか。自分に6個、2人に2個ずつ、あるいは自分が4個で2人に3個ずつかもしれない。普通はそんな感じだと思うんです。自分が2個で2人に4個分けてあげる。そのほうが中途半端に分けるより相手は絶対うれしいから。それも利他です。

身近な利他でいちばん大事なのは「親」に対するものだと思います。利他の原点は親孝行なんです。なぜなら自分という人間を無償で育ててくれたわけですから。その相手に恩返しするのは利他の精神の基本でしょう。

僕の親も世間的に「いい親」とはいえなかったのですが…（笑）。昔の僕なら「なんで、そんな親に何かしてあげんといけんのか」と思った。でも親には変わりないのですから、できる限りのことはしているつもりです。そもそも親孝行もできなくて、世の中の人のためになることをしようなんて無理ですし、どこか〝嘘〟になってしまうからです。

「他」とは自分以外の人、「利」とは喜ぶこと。「自分以外の人が喜ぶことを考える（行動する）ことこそ、黄金律なのです。

現に成功できる人は、人のために何かをして仲良くなるのがみんな得意です。利他の人にはやはりみんな近寄っていく。反対に利己の人は敵ばかりつくっています。どちらがいいかは言うまでもないですよね。

ある先輩がこう教えてくれました。人の幸せって「よりよい人間関係の中で生きることだよ」と。本当にそう思います。事業に成功したり業績を最高に上げたりしても、人から嫌われ友だちも少なく、身近な人と疎遠だったら何が幸せでしょうか……。

よい人間関係をつくっているのは「自分が相手を思う」、自分の心がつくっているのです。ただ、間違ってほしくないのは、人に好かれるために利他の心を持とうと言っているわけではないのです。利他の心を持っていると、結果そのような豊かな日々が訪れてくるとお伝えしたかったのです。

ぜひ、みなさんも利他の価値観を大事にしてください。

リーダーシップ

ビジョン（目標）	社風	能力（スキル）
プログラム	**人が育つ**	価値観
人間関係	環境	リーダーシップ

自己犠牲	教えるのが好き	信頼残高
実行力	**5章 リーダーシップ**	実績
尊敬	凡事徹底	分析力

Leadership

尊敬できる人の下で
働くことこそ、
最高のやりがいなんだ。

その1

「自己犠牲」

自分で自分の機嫌をとれる人こそ、
リーダーなんだ。

指導者、リーダーの違いが人の育ち方の違いになります。自分の時間を削ってでも部下やメンバーの相談に乗ったり、練習に付き合ってあげる。そういう自己犠牲ができるリーダーのもとにいるのか、いないのかで人の育ち方はまったく違ってきます。

自己犠牲という言葉には抵抗がある人もいると思います。なので、僕は自己犠牲は10%でいいと思っています。自分の時間の10%を他の人のために使うのでも十分。それぐらいなら高い志を持たなくてもできるものです。

また、仕事に追われてプライベートも何もないような毎日だったら、誰かのために自己犠牲しようという気にはなりません。自分のプライベートを充実させて心が豊かだったら、人のために少しぐらい時間を使っても何も気になりません。そのためには、自分の好きなことをする時間をスケジュールに先に入れてしまうといい。それ以外の時間で10%を他の人のために使うというやり方ならそんなに無理はないと思いませんか？

逆に言えば、指導者やリーダーが自分の心に余裕がなくなってきていると感じたら、まず自分のプライベートをちゃんと充実させないといけないんです。

そのためには時間管理も重要です。僕は人生は午前中で決まるのではないかと思っています。午前中にやりたいこと、やるべきことをきちっとやれている人は仕事もプライベートもいいものにできます。

　僕は、自分の会社のスタッフ、その家族、これまで働いてくれた人など300人あまりに毎年手紙を書くようにしています。作務衣を着てお香を焚いて一人ひとり和紙に3枚書く。それぞれの顔とその子との思い出を思い出しながらです。

　10人ぐらい書くと相当エネルギーを使います。なぜ、そんなことが忙しくてもできるのか。それは週に2日、決まった曜日の午前中は手紙を書くことにしているからです。どんなことがあっても、その日の午前中は携帯も切って、部屋に鍵もかけて手紙しか書かない。そして12時になればパッとやめるんです。

　午前中、特に朝にちょっとだけ早起きして、自分のエンジンをちゃんとかけて動けるかどうか。リーダーや指導者は余計にそこが大事です。僕もいろんなことがうまくできていなかったときは朝がダメだった。9時か10時にエンジンがかかっても気づくと夕方。そんなのでは自分を充実させることも、周りの人たちのために自己犠牲で自分の時間をあげることもできません。だからリーダーは、常に心の状態を日ごろから豊かにすることを心がけましょう。

　また、自己犠牲ができるリーダーは「リスクが取れる人」です。これまでのリーダーは自分が何でもできて、その通りにやらせる。自分が成功したやり方を伝える。そういう人でした。でも今は、もうそんな時代じゃない。過去の成功法則が通用しない。

それより、みんなにいろんなチャレンジをさせて、後の面倒はまとめてみてやる。そういう後方支援型リーダーが必要。そのときに大事なのが「自分がリスクを取る」姿勢だと思うんです。遠回りになってもさせてあげたり、考える時間を与えてあげたりをして、その後に改善してあげたり指導をしてあげるというリスクを受け入れるかなんです。

リスクとは言い換えれば「愛情」です。メンバーのために自分が面倒な相手と渡り合うのも愛情。スタッフやお客さまのためにいい設備を借金をしてでも揃えるのも愛情。リスクを快く背負える人がすごいリーダーなんです。

だからといってリーダーは聖人君子でなければいけないのでもない。僕も極悪なんじゃないかと思ってしまうような面だって持っています。けれど、いい面を自分で上に持ってこれるようにすればいいだけ。一面しかない人間なんていません。みんなルービックキューブのようにいろんな面をいくつも持っていて当然なんです。

リーダーであれば、自分の心を自分でコントロールして「愛情」の面を上に持ってくるようにする。　そういうことも意識してみてください。

その2

「教えるのが好き」

自分の好きなことは、
必ず上達し、極めることになる。

人が育つリーダーは教えることが好きです。逆に言えば、技術は飛び抜けているけれど人に教えるのが好きではない人は、人を指導するのは難しい。

教えるのが好きではないリーダーが下のメンバーを教えると「なんで、こんなことができないのか」という一方通行の教え方になってしまいがちです。それでは人が育ちません。

この人は自分に教えてくれることを楽しんでるんだなと相手が感じたら、嫌な感じがしない。もうそれだけで学ぶことへの相手の積極性が違ってきます。この人のために早く技術や知識を習得しようという気になります。そうして教えてくれる人をもっと喜ばせたいと思うからです。

また、教えるのが好きな人は教えるのが上手なのです。というか、教えるのが好きな人は、その人の改善するポイントを見抜き、そこをアドバイスできる人なんです。技量があって教えるのが好きでない人は、自分の技術を見せて、同じようにさせようとするため、その本人が良くなるためのアドバイスができないのです。

昔の言葉に「好きこそ物の上手なれ」とありますが、やはり指導者は、指導（教えること）が好きな人ほどどんどん指導（教えること）が上達していくものなのです。

僕は「自尊心」が高くないと、人に教えることが好きになれないと思うんです。自分に自信があり、自分が楽しんでいる人は、自分のことは脇に置いても誰かを助けたり教えたりする余裕があります。

自尊心が高そうに見えても本当は低い人もいます。自分がいつも誰かに下に見られているんじゃないか、騙されているんじゃないかと思っている人は自分に余裕がない。だから何をするにも非協力的で、誰かを教えることもしません。

仮に、そういう人が誰かを教えたとすると、自分が常に上に見られるように意識して教えるので、肝心のところが伝わらないんです。それでは意味がない。

自尊心がきちんとあって教えることが好きな人が教えると、ちゃんと相手に大事なところまで伝わります。

人生で「好きなもの」を増やすということも大切なこと。まして、「教えること」が好きということは、「人の成長」を見ることが好き、「その人が上達する」のがうれしいという、もっとも尊い人なのではないでしょうか。

5 リーダーシップ

その3

「信頼残高」

教え方を学ぶ努力より、
相手から信頼される努力が必要。

教える側のリーダーと教えられる側に「信頼残高」があるかどうかも大事です。

僕の会社でも、スタッフを教えるトレーナーについてのアンケートをスタッフから取っていますが、その中で人気のあるトレーナーのいちばんの理由は「いつも自分にあいさつをしてくれる」なんです。

メンバーは、リーダーをよく見ています。何かリーダーの手伝いをしたときに、何も言葉がないのと「ありがとう！　助かった！」と言葉がもらえたり、いつも顔を見かけたときに「元気か？」といったあいさつをしてもらえる相手かどうかで信頼残高の積み上がり方が違うのです。

要するに、日ごろの関係で信頼度の高い指導者（信頼残高がある）ほど、素晴らしい関係を維持し、成長させることができるのです。

もう一つは「相談に乗ってくれる」こと。リーダーには「聴く力」と「観察力」が必要です。仏典にこんな話があります。山奥に、いつも相談者が絶えないおじいさんがいました。その人は、どんなことでも相談に乗ってくれるので評判だった。そのおじいさんが亡くなったとき、多くの人が悲しみ弔問に訪れた。その場で、おじいさんの娘さんが言ったのです。「父は口もきけず、耳も聞こえないのに、こんなに多くの人に愛されて幸せでした」と。わかりますか？　そのおじいさんは、涙する相手には一緒に泣き、一緒にうなずき、抱きついてきたら抱きしめる。ただそれだけを一心にやっていたということです。

つまり、リーダーには相手をいかなるときもちゃんと見てあげて受け止める力が必要なんです。話をいつでも聞くよ、あなたのことを見ているよという姿勢が相手に伝わらなければいけない。

話すのが得意な人より、話しを聞いてくれる人の方が、指導者に必要なことです。「あのリーダーは相談しやすい」「あのリーダーは相談をしっかり聞いてくれる」「あのリーダーは相談すると親身になって答えてくれる」。人の「成長」にはインプットとアウトプットが大切なのです。ですから、日ごろから「聞く力」をつけないといけません。日ごろ、ささいなことでも何か相談されたときにちゃんと返さないのは絶対にダメなのです。そんな関係では何かを教えても人は育ちません。

そして「明るさ」も大事。リーダーがどれだけいい空気をつくれるかで関係性も変わってきます。

勉強中は明るく楽しく和やかな時間だと、心にしっかり入ってきて上達するのです。

ギスギスしたりピリピリした空気の中では、上達はしにくいのです。

リーダーとは、日々の小さな行動や言葉で、部下から信頼を積み上げていく人でないといけないということです。

その4

「実績」

自分の経験したことしか、
人に伝わることはない。

教える側に、ちゃんとしたスキルや経験がなければ人を教えることはできません。自分がダイビング経験もないのにダイビングのことは教えられないんです。

それも、いろんな経験を積んできている人でなければ「こんなときにどうすればいいんですか？」という疑問に答えられない。

いろんな経験を積み、その中で最高の実績を出したことがあるのも教える条件に入ってきます。すなわち、経験したことしか伝えられないのです。実績がない人が指導するということはできないし、伝わらないのです。長生きした人が、長寿について語ることは伝わりますし、実際の経験談こそ「ためになる」実学なのですから……。

美容師でもそうです。ものすごく忙しい中で最高の売り上げを出した。そうすると、忙しい中でもどうやって質も維持したのかという話ができます。美容師も腕のいい上手な人ほど、カットでもカラーでも何でも速い。下手な人ほど時間がかかります。時間がかかるから丁寧なのではないんです。

なので「仕事が速い人」でなければ、人を教えることはできません。他にも、自分が高い目標にトライして達成した経験も持っている人しか教えることはできません。

自分で決めたことを達成したり、自分から言い出したことに責任を持ってやり遂げたという経験が大事です。その中で失敗して、改善した経験もすごく大事です。

もっと言えば「苦労した」経験もたくさん持っているのがいい。指導者、リーダーは「できない人」の気持ちがわからないといけないからです。

人を慕うという経験もいいと思います。この人についていきたい。そんなふうに思って、その人から学んだ経験です。どんな人なら、みんなが慕って学びたくなるのかを自分が経験しているからわかる。そういうことも〝実績〟なんです。

人から評価されることだけが実績ではありません。人間としていろんな経験をしている人が、やはり人を教えられるのだと僕は思います。要するに「実績」イコール「経験値」なんです。

リーダーとは「最高の技術を習得した」「素晴らしい結果を出した」という経験がないといけない。されど、もっと大切なのは、そのためにどんな「苦労」「工夫」「失敗」「改善」をして、それをしっかり伝えられるかが、もっとも大切な要素となるのです。

その5

「分析力」

指導とは一人ひとりに目をやり、
その人に寄り添うこと。

その人のいちばん優れているところはどこか。その人のいちばんの課題はどこか。そういったことをちゃんと見つけられる「分析力」が指導者、リーダーには必要です。あるいは、相手が「褒められて伸びる」タイプなのか、「厳しくされるほどエネルギーが湧いてくる」タイプなのかも見抜けないといけない。その人に合った指導の仕方をチョイスできないといけないのです。

そして、物事を細かく分析する力もなければいけません。美容師でカットが苦手な人がいたら「なぜ、その子はできないのか」「どこに課題があるのか」「なぜお客さんがつかないのか」といったことがわかっていないと教えることはできないからです。

そのためには「データ」が大切になります。言い換えると「顧客カルテ」や「過去の仕事のデータ」などを駆使して、その人の得意・不得意や、取り組んだことや取り組んでいないことなどをデータから導き出して、的確なアドバイスをすることが指導力につながるのです。

僕の会社ではA君を教えようとしたら、A君の顧客データ（どんな年齢層、どんなメニュー、客単価はいくらでどんな職業の人など）がすぐにわかるようになっています。これまでにA君がどんなお客さんに、どんな技術を提供してきたか、その後のリピートはどうかの実績も見る。

すると、どうやらA君はパーマがうまくできていないからお客さんがリピートできていないいんだという課題が見えてくるわけです。


人を教える、指導するのは、ただ闇雲に目についたことを一方的に言うのではないんです。ちゃんと分析ができていないといけない。どこに課題があって、どうすればいいのか的確に分析した上で指導する必要があるということです。

どのスタッフにも「ここを改善すれば伸びる」というポイントがあります。そこを分析して見抜けるかどうか。ただお尻を叩いたからといって、その人が成長するわけではないんです。

指導力とは「教える力」ではなく、僕は「改善点を見つける力」だと思っています。改善点が見当違いならいくら教えても結果に繋がらず、その人は成長しないのです。

リーダーとは、心の底で「その人がどうしたら伸びるのか、成長するのか？」と常に見て、観察して考えること。そうすれば必ずその人の改善点を見抜けるはずなのです。

指導者とは、字のごとく指（さ）して導くことなのです。

また、気を付けないといけないのは、アドバイスをし過ぎると、本人が考える力を失ってしまうケースもありますから、導くように適度にポイントを伝えること。そして、考える時間を与えることにも注意しましょう。分析↓アドバイス↓考える時間↓フォローのくり返しが肝要ですね。

その6

「凡事徹底」

人柄は日々の生活の中でつくられる。

当たり前のことがちゃんとできているかどうか。日常生活でやるべきことが習慣としてできているかどうかは指導者、リーダーにとって重要です。

メンバーはいい習慣を持っているリーダーにしかついて行きません。遅刻ばかりするリーダーにメンバーは教えてもらいたいとは思わない。

「生活習慣」を見れば、その人の人間力も見えてきます。僕が大事だと思うリーダーの生活習慣は、まず「朝が早い」こと。朝の時間を活用できているかどうかです。

朝から活動できている人は、その前日の夜も飲みすぎたりせずに、ちゃんと時間を使えている。自分を律することができているわけです。

朝早く起きて十分な時間をつくり、心穏やかな朝の時間をつくる。そうすれば、身なりもちゃんと整えることもできます。また、家族と笑顔で接することもでき、自分でおいしいコーヒーを家族にふるまうこともできます。少し早めに家を出れば、渋滞も気にならずイライラせずに済みます。また、その日に逢うであろうお客さまへひと言のメッセージを書いておき、絆を強くすることもできるでしょう。

「読書」もそうです。社会に出てから、どんなに忙しくても本を読んで学ぶ習慣ができている人は成長できますし、周りからも尊敬されます。

読書は偉人賢者の人生を疑似体験することでもあり、判断力や発想を得ることもできますし、たくさんの珠玉の言葉に出会うこともできて、自分の会話力や伝える力ともなります。社会に出たら学歴は頼りになりませんが、学力は頼りになります。学力イコール読書であることは言うまでもありません。

また、「いい友だち」を持つことも僕は習慣に入ると思います。しかも、かなり大きな習慣です。友だちと過ごす時間は多いし、受ける影響も大きいからです。自分に「直言」してくれる友だちを持っていることもいい習慣を持つことにつながります。

友だちは「第2の自分」とも表現されるように、友だちによって自分の考え方や生き方が強く影響されるのは事実ですから、大切な時間を誰と過ごすかが、自分の人柄をつくっているのですからとても重要な習慣のひとつですね。

また、「酒席がきれい」であることも習慣として重要。お酒の場には、その人の人間性が表れます。愚痴ばかり言ったり、誰かに絡んだりするきれいでないお酒の習慣はダメです。自分も周りも楽しいお酒の習慣を持ってください。

楽しいお酒は薬となり、よくないお酒（悪酔いという意味）は毒となるでしょう。また、適度な量の楽しい酒席のときには、素晴らしい発想や決断もできる力も持っているのです。

そして最後に大事な生活習慣は「欲のコントロール」です。これが難しい。少しでもたくさん欲しい、少しでも高いものが欲しいという人間の欲をどうコントロールするか。べつに高級なものを持ってはいけないというのではない。自分は「これぐらいでいい」という基準をちゃんと持っていることが大事です。

日常生活全般において自分をうまくコントロールできている人だからこそ、周りのみんなも「この人の言うことは聞こう」という気持ちになれるのではないでしょうか。「修己治人」の言葉通り、まずは自分を修めて人を治めることです。言い方を変えると、「まずは自分を自分でコントロールできるものが、人をコントロールしてあげられるということです。

日々の当たり前のことが、自然とできるようになると自らの人間力がレンガを積み上げていくように高くなっていくのです。

その7

「尊敬」

尊敬する人ができた時、
自分の生き方が決まる。

みんなから尊敬されているかどうか。これはリーダーの絶対条件です。みなさんも自分でどんな人柄であれば尊敬されるのか、必要なものを考えてみてください。

ちょっと思い浮かべて出てきたものは、どれもみなさん自身の「天賦の才」です。みなさんも尊敬されるものを持っているということなんです。自分が優しい人であれば、他人の優しさにも気づける。几帳面な人は、周りの几帳面さもわかる。つまり、自分が持っているものでしか、他人のことは見えてこないからです。

ちなみに僕自身が「尊敬される人柄」を考えて出てきたのは18個ありました。その一部はこういうものです。

「行動力」……見たり聞いたりだけの人ではなく、自分で行動して試せるかどうか
「継続力」……何かずっと続けていることがあるか
「健康力」……人に何かをするにはストレスなく過ごせる健康力があるかどうか
「喜神力」……いかなるときでも相手を喜ばせることができるかどうか
「謙虚さ」……常に現状に甘んじることなく学び続けられるかどうか
「感性」……感即動でいろんなものを感じられる力があって動いているか

「積極性」……いいときもよくないときも平常心を保ってプラスに進めるかどうか
「感謝力」……自分も感謝し感謝されることもして、もっと幸せを呼び寄せられるか
「勤勉さ」……どれだけ偉くなっても、働くことを率先し、報酬以上の仕事をしつづけているか

これらはどれも、難しいものではありません。けれども難しくないから、多くの人が軽く考えてしまいちゃんとやれていない。だからこそ、こうしたことを愚直にできる人が尊敬されるのだと覚えておいてください。

また、自分の若いころを思い出しても、尊敬できる人の下で働いていたころは、苦を苦と思わず、楽しく働けていましたし、逆にそうでないときは、いっさい働きがいも感じずにグチばかりの日々でした。そうなんです、働きがいがあって楽しい職場とは、尊敬できる人の下で働くことなのです。その尊敬できる人に認められたい、ほめられたいという思いが、自分を突き動かし輝かせてくれていたのです。

自分自身が尊敬される人になるための近道は、自分が尊敬する人を持つことです。昔から「尊敬する人を3人持った時あなたも尊敬される人になる」というように…。

その8

実行力

自分の後ろ姿でしか、
人を育てることはできない。

素晴らしい指導者、リーダーにはその人にもさらに素晴らしい指導者、リーダーがいるものです。

つまり、人が育つ組織、会社には、その人たちが育つ要因になった実行者が必ずいるということ。それは他ならない、みなさん自身であるということを意識してほしい。

この本を読んで、人が育つにはこんなリーダーをつくらないといけないないなと思ったとします。そのためには、まずあなたが日々よい行動をして「いいリーダー」になる必要があるのです。

いいリーダーは、いいリーダーの背中でしかつくることはできません。

どこかに人を育ててくれる指導者やリーダーがいるのではない。自分の実行力が大事なのです。

僕もそうだった。自分の会社のスタッフが次々と辞めていったとき、それがわかりました。人が育っていかないのは、その子たちに能力がなかったのでも悪かったのでもない。自分がいい実践者ではなかったからです。

西郷隆盛の遺訓である「南洲翁遺訓」にもこういう意味のことが書かれています。

「上に立つ者が下の者に対して利益のみを争い求め、正しい道を忘れれば、下の者もそれに倣うようになっていく」

トップ一人で99％は決まります。なぜ自分の下にいる人たちがダメなのかといえば、自分の実行力がダメだからなのです。

素晴らしい指導者をつくるには、まず自分が素晴らしい実行者になる努力を今日からはじめましょう。社員さんは自分を映す鏡のごとくなのですから……。

ただ、完全、完璧にならないといけないとは僕は思っていません。なぜなら、こう書いている僕も完全ではありませんし、「自分が不完全であること」を認め受け入れて、全力で完全に向かって努力している人こそ、真のリーダーではないでしょうか。

不完全なのに完全だと思っている人は論外ですし、不完全なのに完全を目指していない人は、リーダーの資格はないのです。

まず、自分が日々よい行いを実行する人になること。そして、そのあなたの後姿で、また素晴らしい実行力のあるリーダーが一人生まれ、そしてその下の人もそのリーダーの後姿で育っていくのです。

環境

ビジョン（目標）	社風	能力（スキル）
プログラム	人が育つ	価値観
人間関係	環境	リーダーシップ

みんなで決める	OJT	理念を形に
サポートできる	6章 環境	境界線をなくす
パートナーシップ	絶対参加イベント	専門性重視

Environment

経営で最も大切なのは、
「環境づくり」なのです。

その1

「みんなで決める」

自ら決めた道は
ワクワクする道になる。

人が育つ環境をつくるときに僕がテーマにしている一つは「自主活性型」というものです。自分たちで考え、自分たちで動かしていく。大事なことをみんなで決めていく環境をつくることです。

いわゆる「いい会社」によくない部分があるとすれば「教えすぎる」ことだと僕は思います。教えてばかりだと「考える」ことがなくなるんです。さらに、「責任感」も薄くなってしまいます。やらされていることだから反省もないし改善もない。それでは成長はありません。できる人ほど、その罠に陥りがち。自分ができるからレールを敷きすぎてしまうわけです。

ですので、僕の会社では、年間の休日や営業時間や料金や求人採用など、ほとんどのことはスタッフのリーダーたちやみんなで決めて経営しています。

目標などもそうです。前にもお伝えしたように、1年に2回、みんなで1泊2日の合宿をします。入社式の翌日に全スタッフが参加する「合宿」。そこで1年間の目標をみんなで決めるのです。

各店に分かれて1年間の各月の売り上げ目標やイベントプロモーションを立てていく。

会社からのノルマや方針はなし。自分たちで話し合い、決めていきます。最終的に、そうやってみんなが決めた各店の売り上げ目標を合計したものが会社の売り上げ目標になるわけです。

なぜ、このやり方に意義があるのか。結局、人は自分たちで考えたことでなければ本気になれないからです。何をするにも誰かから言われたことをするのと、自分で考え、調べて行動するのでは楽しさも責任感も違ってきますよね。どこに向かうかも、どうやって行くか、その途中で何をするかも自分で決めるからその道中も楽しいし、絶対に最後まで行こうと思えるわけです。

バグジーでは、月に2回各店の幹部が集まって営業会議をします。そこで達成状況や軌道修正することなどを話し合い、またみんなにフィードバックしていく。そうやっていると、みんなの気持ちの中に「自分たちが自分たちの店を経営している」という感覚が生まれてくるんです。

自分が決めたことに対する責任感、責任感からくる反省、反省から生まれる改善、改善からくる成長というのがあることが大事なんです。誰かにやらされているだけでは、こうした成長サイクルは生まれません。

上の人が何でもやってしまう、何でも決めてしまうのでは人は育たない。一人ひとりが、何か一つでも二つでも「自分が考えてやる」ものを持っている組織のほうが人は成長していきます。

また、自分たちが決めるということは、自らが経営に参加している意識が生まれ、ワクワクしてくるのです。参加型の組織であることで、一人ひとりの当事者意識も強くなり、より考え、改善し成長していくのです。

6 環境

その2

「OJT」が重要

学びの基本は
見せてあげること。

職場の中で仕事を通して学ぶ、現場で学ぶ。ＯＪＴ（オン・ザ・ジョブ・トレーニング）と呼ばれる学びもバグジーではすごく力を入れています。

とはいえ、シャンプーの技術が未熟なのに、お客さんを担当させるわけではありません。そのスタッフが身につけようとしている技術、例えばボブというカットなら、それを先輩が営業中に行うときに他の業務をさせずに一緒に見させて学ばせるのが大事なんです。

これが、なかなかできそうでできない。なぜならＯＪＴで学ばせる時間があれば、その間に髪の毛を掃いてもらったり、次の準備をしてもらったほうが店は回るからです。

スタッフの生産性を上げようとすると、逆に成長は遅くなります。それよりもＯＪＴで学んでもらったほうが早く成長できるので結果的に店のためにもなります。

見て学ぶのはスキルをつける上でも重要です。上手い人がやっているのをそばで見ることができると、自分でもできるようになるスピードが違うのです。先輩の仕事を見せてあげる時間のある「環境」は、すごく大きいと僕は思っています。

同じ8時間の仕事でも、その時間がただの作業で終わってしまうのか、学びの時間になるのとでは大違いですよね。

仕事を見て学ぶのが大事なのは美容業だけではありません。たとえばいろいろな商品販売をしている会社だと、仕事のできない人に雑用をやらせるよりも、業績のよいトップセールスの人のアシスタントとして仕事を見せながら営業した方が、何倍もセールスは上達します。ムダな体験をさせるより、できる人の仕事を見せてあげる方が、成長はより早くレベルも上がるのです。

そうやって実際にお互いの仕事をそばにいて見て体験してみることで、それぞれの仕事の大変さ、面白さを学び、自分の仕事だけで会社が回っていないことを知るわけです。

今はどこも生産性を上げようとして、見て学ばせる時間を削っているところが多い。ですが、仕事や現場で学ぶ環境があるほうが人は育ちますし、そのほうが最終的には組織や会社の生産性も上がるのです。

また、バグジーは研修センター（アカデミー）を持っています。文字通り営業中のレッスンやトレーニングができる環境もあり、これこそ「ＯＪＴ」そのものです。

質の低い人を現場に出して仕事をしてもらうより、質のレベルを「ＯＪＴ」で上げてから現場に出てもらうことの方が、よりよい質の高い営業ができて、何より本人が、より高く、より早く成長できるのです。

6 環境

その3

「理念を形に」する

理念が浸透し共有された時
人は自然と育つのです。

理念で人は育ちます。共通の目指すものや共通のルールを持つことにより、人は成長するのです。特に理念を形にすることで、成長はより強固なものになるのです。

たとえば理念を掲げるだけでなく、それを「ミッションステートメントカード」としてつくり、それを一人ひとりが持っていることで理念が形になってきます。

人の育成（成長）が理念には必ずあるはずですから、その成長の場をつくることも理念を形にすることになり、より成長に貢献します。

バグジーなら、先ほどお伝えした「研修センター」（アカデミー）もそうです。大切にしているもの（人を大切にして成長させる）の象徴（シンボル）だからです。

僕の会社では「敬愛」という理念を掲げ、人財育成に力を入れていて、すべてに愛を注げるスタッフが育つようにしたいと思っているので、その象徴的な存在として研修センターがあるわけです。

研修センターでは、休日でも勉強ができる。本気で人が育つ会社にしたいという想いがあるから、その場を会社が提供しています。バグジーは週休2日制なので、自分がもっと成長したいと思えば研修センターを使って、カットの練習をしたり、自分の家族を呼んでカラーの練習台になってもらったりもできます。

雑誌の撮影などが入ってもお店の営業中にお客さんに迷惑をかけずに行えますし、ウエディング部門もここに集約しているので、他のお客さまを気にせずに準備ができるのです。

他にも忘年会など全スタッフが集まれる場所としても研修センターは重要。１００人を超えると、普通に居酒屋さんを予約しようと思っても難しい。そういう意味でも研修センターは「家族主義」の象徴にもなっています。

モノづくりの理念を持っている会社なら、研究開発センターなども理念の象徴になるでしょう。

また、バグジーの理念に親孝行も入っています。その理念を形にしたものが、初任給の時に親への感謝のプレゼント助成金なのです。

くり返しになりますが「人を育てる」ではなく「人が育つ」環境をつくりたいからこそ、理念を形にすることが必要なんです。理念を単なるスローガンにせず、日々の中で実践し身につけることによって、心が養われていくのです。

理念の中で人間力がついていくのです。

その4

「境界線をなくす」

風通しのよい土地では、
よい作物が育つ。

バグジーでは境界線をなくすことをどんどんやっています。特に新入社員から2年目までは全店を数カ月ずつ回って経験する。3年目に、自分の店が固定されるというやり方です。

なぜ、そんなことをするのか。例えば、A店の店長が細かいことにうるさいタイプだと部下もみんなそうなる。B店の店長が何ごとにもアバウトならみんなアバウトになる。それぞれの色がついてしまうからです。

人が育つには最初から特定の色に染まってしまわないほうがいい。それに、せっかくたくさんスタッフがいるのですから、みんなそれぞれのいいところを見て学べるようにしたいからです。ですから、転勤も成長のためには、すごいいいことだと思います。

人間は一つの場所、同じ環境にずっといるといつの間にか、その環境の悪い癖がついてしまう。あるいは、いつも同じ仲間、同じお客さんにしか見られていないので緊張感も薄れていく。その環境で生きるために適応しようとするのが人間だからです。

僕の会社では美容師ではない本部スタッフもいます。本部スタッフが全店のクリーンチェックも行う。これを同じ美容師同士でやると、どうしてもなあなあになって甘くなりますが、違う人たちがやるからいい緊張感が保たれるわけです。

これも境界線をなくしてお互いの業務を「見られる」関係にすることの一つです。流れる水は清いけれど、流れない水は淀んでしまう。境界線をなくすのは、会社の中の水の流れをよくすることだと思います。境界線がないからこそ、新しいお客さんから学べたり、それぞれの環境にいる仲間のいい部分を共有できて組織が淀まないようにできるのです。

この境界線をなくすことは「バウンダリレス」と呼ばれ、西洋では古くから行われているようです。組織にある部署という境界線をなくすことや、階級という境界線をなくすということは、自己成長の刺激になったりマンネリ化をなくす特効薬なのです。

部署を乗り越えた、階級を乗り越えた意見や関係が、よりよい人を育てるキーワードとなっていくのです。スペシャリストからジェネラリスト（幅広い分野での知識や見解を持つ人のこと）へと成長していくのです。

支店と支店の交流や、部署のちがう人たちの交流、階級をとわない交流が境界線をなくし、風通しがよくなり、考え方、立場、状況の違いを中和して一人ひとりの成長につながっていくのです。

その5

「専門性重視」の環境

長所が自信となり、自信が個性となり、
そして人間味になる。

僕の会社では美容師になって10年すれば、ウエディングの仕事がしたければその事業部に行けますし、飲食事業やペットの美容をやってみたければそこに行くことができるようにしています。

なぜそうなっているのかというと、専門性を伸ばせるようにしたいからです。平均点を取れるスタッフよりも、何か一つでも突出した部分を持てるほうがいい。

人はやっぱり、自分が「この部分で挑戦してみたい」「自分の得意なここを生かしたい」というものを持ったとき、その挑戦ができる環境が会社になければ、会社を離れてしまう。それではお互いに残念です。

だから僕は、スタッフがそれぞれの専門性を伸ばして生かせる環境をつくってきました。多柱経営ともいいますが、多くの専門性を生かせる会社であることも、人が育つ環境として大事だと思うのです。

今では、バグジーの経験を生かしたセミナー講師をしてみたいというスタッフも増えています。なので、全国の美容師に講習もできるスタッフの育成にも力を入れています。

またバグジーでは各店に一か所だけ、撮影ができるスポットをつくっています。そこで、自分のヘアメイクが可愛くできた、カッコよく決まったというお客さんをスタッフが撮影してあげられるようにしている。

そのためにバグジーのロゴがいくつもデザインされた壁紙があり、それを背景にSNSなどにUPできる写真を撮るわけです。そのための機材も全店統一してあるので、スタッフはみんな撮影の仕方も覚えることができ、SNSに載った写真がバグジーの評判にもつながります。そうした環境があることもスタッフの専門性の幅を広げることにもつながっていくのです。

僕は個性はとっても大切なことだと思っています。真の育成とは、平均点にしたり平均点を上げたりすることではなく、たった一つでもいいので、誰にも負けないものを持たせることだと思うんです。

また、不思議に一つでも負けないものを持つと、他のことも自然とレベルが上がってくるものです。きっと「自信」がつくことで、人はより成長するキッカケになるのでしょう。そして、それが個性となっていくのです。それを昔の人は「天賦の才」と呼んだのでしょうね。

6 環境

その6

「絶対参加イベント」

思い出の数だけ強くしなやかになる。

やさしさと甘さは違うと僕は常々考えていますが、絶対参加イベントをつくるのもそうかもしれません。

絶対参加イベントをやるのは、二つ理由があって、その人にとっての「いい癖付け」になるのなら、僕のところにいる限りは強制してもいいという考え方が一つ。

給料日に僕に「ありがとうございます」メッセージをするのもそうです。それが当たり前になれば、誰かに何かをしてもらっても、ちゃんとお礼ができるからです。

もう一つは「思い出づくり」です。僕は思い出で繋がっていたい。思い出の数だけ絆は強くなると思っています。絶対参加であれば、「あのとき、こうだったよな」とみんなの共通の思い出になるわけです。

この共通の思い出こそが社風をつくり、人間関係をよりよくするのです。共に生きていく家族のような組織には必要なものなのです。

僕の会社では、まず入社式です。これから自分たちの妹弟のような存在になる新入社員を迎えてあげるならば、父、母、姉、兄のようでなくてはいけないですし、はじめがお粗末ならすべてお粗末になりますし、はじめがドラマチックならすべてドラマチックになるからです。

また運動会もそうです。みんなが運動不足を解消したいとはじめたことですし、いつも会社（支店）だけのコミュニケーションでは全社員のコミュニケーションがとれないということで、くじ引きでチームを分けて日ごろの上下関係などない時間にしているのです。

ほかにも2泊3日のキャンプもあるのですが、日ごろスタッフの家族のみなさんとコミュニケーションがとれていないし、家族ぐるみの付き合いをしたいということで、家族の子どもさんも来れるよう繁忙期の夏休み中に日程を組んで行っているのです。

クリスマスイブは、地元の孤児院を訪問してのクリスマスパーティを毎年やっています。自分たちのためだけの利益ではない。少しでも人のお役に立とうとやっているのです。子どもたちを喜ばせるために全員仮装をしてやっています。

最後は忘年会です。この忘年会もただの忘年会ではありません。スタッフみんなを正月の元旦に実家に帰したいという願いから、1年で一番忙しい12月31日をお休みにしているので、その1年の最終日の30日にみんなで田舎に帰る前に顔をそろえて締めくくりたい思いからやっているのです。このすべての行事は全員参加。ちゃんと一つひとつの行事に理由があり、意義があるために絶対参加にしているのです。

こうして共通の思い出をたくさんつくり、他の組織や会社が真似したくてもできない雰囲気、環境をつくりたいんです。

絶対参加は厳しいかもしれません。けれど人が育つには、甘いことだけでは無理です。自分が親のつもりになればわかりますよね。厳しさも必ず要ります。嫌なことで厳しいのではなく、いい癖をつけたり、いい思い出をつくれる厳しさならあったほうがいい。僕はそう考えています。

その7

「パートナーシップ」

「共に」というスローガンに人が集い、
人が育つ。

僕はスタッフはみんなパートナーだと思っています。取締役も、中堅も入ってきたばかりの新入社員もみんなです。パートナーというのは、どれも僕から等距離の関係です。

人が育たない組織は経営者がいて、そこから順にタテの関係性をつくる傾向がある。そうなると下のメンバーから経営者はいちばん遠くの存在になって、話しをしたことも聞いてもらったこともないという関係になりがちです。

ですから、リーダーたちはすべての人と上下関係なくパートナーなんだという気持ちを持つことが、みんなのやる気を引き出し、成長する、成長したくなることにつながっていくのです。

そのようにフラットな関係だからこそスタッフが何の抵抗もなく、LINEやメール、電話ができる組織は人が育ちます。経営者に直接つながるのですから、それなりにちゃんとやらないと、という自覚も芽生えるからです。

もちろん1000人を超えるような会社では、すべての人とパートナーシップを築くのは難しいかもしれない。ですが、小さな組織や会社ならそれができる。上の人間に自分の考えやアイデアが言える。だからスタッフがやりがいも持つことができ、強い組織がつくれるんです。

パートナーシップは言い換えると当事者意識を持った関係性です。僕は1年目、2年目のスタッフにも普通にLINEで「○○君の店の雰囲気は最近どんな感じ？　もっとこうしたらいいとかない？」と送ります。

そうしたらスタッフも、自分は下っ端だからとは思わず、自分なりに意識を持って考えたことを僕に返してくれます。

特定のスタッフだけが上と繋がっていて、意見が言えるというのではフラットな組織とは言えません。そういう組織では当事者意識も育たない。当事者意識が育たないと、スタッフも言われたことをやるだけになってしまい育たないのです。

どの立場からでも「自分が言ったことが会社をよくできる」と思えるパートナーシップが生まれてくると、いい組織になり、いい人が育つ好循環が生まれてきます。

一人ひとりのスタッフに存在意義を持たせることがやりがいにつながり、そのつながりの中で、イキイキと学び、さらに向上心を育むことになります。

タテ組織を高くつくればつくるほどに、人は育たないのです。なるだけフラットな組織をつくるキーワードは、いかなる人もパートナーシップをもって、各自がパートナーなんだと思えることなのです。

その8

「サポートできる」環境

責任を分散すると、
パーソナルはより発揮される。

スタッフが自分の仕事に専念できるようにする。そのために僕の会社では本部統括の環境をつくっています。

バグジーの本部には裏方の事務を行うスタッフが5人います。なので、店のスタッフはお客さまのデータ管理や分析に時間を取られずに、目の前のお客さんに120％の仕事をすることができるわけです。ダイレクトメールや各印刷物も一切、本部の人がやってくれるようになっています。

もちろんお店で使う備品や販売する商品の管理や勤怠、さまざまな税務上の手続きその他、お店を運営する上で必要な事務は全部本部に任せることができます。

逆に言えば、各店でそうした事務雑務をやっていると、どうしても忙しさに流されて抜けや漏れが出てくる。それがなくなり管理が完璧にできます。

また、管理が店任せになっていると、そこにどうしても人間のルーズさや出来心が入ってしまうこともあるかもしれない。そうしたことを防げるという面もあります。

本部統括の環境をつくるのは、人が育つことと関連性が薄いように思われるかもしれませんが、そうではないと僕は思います。

本部統括の環境をつくるようなサポート部分があるのとないのとでも、人の育ち方は大きく違ってくるのです。　仕事に専念できる環境こそ「人を育てる」から、「人が育つ」になる要因になってきます。

また、バグジーではタオルなどもすべて業者の方に頼んでおり、自分たちで洗濯することはありません。洗濯する時間と手間をなくしてあげることも、仕事に専念できる環境となるのです。そのようなサポートをたくさんつくることで目の前の勉強に集中できるようになるのです。

人は簡単には育たない。これは誰もがそう思います。僕もそう思う。だけど「人が育つ環境」をつくることは今日からでもできる。大きなことでなくても、小さなことでも構わないんです。

ちょっとでもスタッフが育つことにつながると思えば、ぜひどんなことでもこの本で取り上げている環境を参考にしてつくってみてほしいと思います。

人間関係

ビジョン（目標）	社風	能力（スキル）
プログラム	人が育つ	価値観
人間関係	環境	リーダーシップ

お客様との関係	上司との関係	部下との関係
家族との関係	7章 人間関係	業者さんとの関係
尊敬できる人	いい友人	地域との関係

Human relations

よりよい人間関係の中で
生きることこそ、
幸せであり成長につながる。

7 人間関係

その1

「お客さまとの関係」

目指すは生涯顧客をつくること、
生涯現役でいること。

人が育つためには、人間関係がうまくいく環境であることはすごく大事です。人が育たない大きな要因の一つが「心が内向き」になっていること。お客さまやスタッフ同士、上司との関係などで悩んでると心が内向きになって外に向かって成長はできません。

本当の成功とは「いい人間関係ができている人生」なのではと思います。僕は38歳のときに一度倒産の危機に陥りました。売り上げが落ちるのよりも何よりもスタッフがどんどん辞めていくのがキツかった。お金のことは自分が走り回ればなんとかなる。でも人の心が離れることほど辛いものはないんです。

そのときのバグジーは僕とみんなの人間関係が破たんしかけていた。やっぱり「いい人間関係」がないと人も会社も育たないんだと痛感しました。

そんな辛い状況でがんばることができた理由に、お客さまの存在が、お客さまとの関係がありました。

その中でも大きいのが「お客さまから育てられる関係」です。一度きりのお客さまではなく、何年も通ってくださる常連の「親友という名のお客さま」との関係からすごく助けられたし育てられたと思っています。

僕が15歳で美容師の世界に入って、23歳で自分の店を持って初めて成人式のヘアメイクをさせてもらったお客さまがもう50代です。その間、結婚式のヘアメイク、生まれたお子さんの七五三、入学、そのお子さんの結婚、お孫さんの——という関係のお客さまが何人もいてそれが僕の財産になっています。

そういう常連のお客さまと共に生きてきたという実感や、そのお客さまからいただいた「ありがとう」や「すごくよかった」という言葉が、自分のやる気に火をつけてくれ、その言葉に支えられてきました。

そうやって、どんな仕事でもお客さまと一緒に成長していく感覚がほしい。

そうしたお客さまとの関係でもう一つ構築しておかないといけないのがホスピタリティ、おもてなしの心です。お客さまを本気で喜ばせよう、もてなそうと思ったらどんどん相手のことを考えます。観察もする。この人は何が好きか。どうしたら喜んでもらえるか。その気づきが人を成長させるんです。

ちなみに、バグジーのスタッフには目が見えないお客さまのために点字を勉強してコミュニケーションできるようになった子もいます。その姿勢が人間を成長させるんです。

お客さまとの関係をいい加減にとらえてる人はやっぱり、どこかで成長が止まってしまいます。

お客さまとのいい関係を築くのにもう一つ大事なのが「アフター」です。接客後、営業後。何かを買ってもらった後。そこでのいい関係が人を成長させます。日本一ベンツを売る人は「買ってくれたすべてのお客さまに毎月電話をする」そうです。普通の営業マンは買ってほしいときだけ電話をする。その違いなんです。

お客さまとの関係も、アフターを大事にできるようにすると人間的な成長の度合いがさらに深まります。

お客様と生涯お付き合いしていく（生涯顧客）ことこそ、企業人としての真の喜びであり、その長い月日の中での想い出こそが自分の財産であり、誇りであり、やりがいだと思っています。

その2

「上司との関係」

成功とは目上の人に
引き上げられてつくられる。

僕の娘は東京で美容師をやっていますが、まだ若いのにすごく売れっ子です。店では責任者もしています。

娘は8年前に僕にこう言って東京に行きました。「10年間だけ東京に行かせてほしい。10年経ったら絶対帰ってくるけん」と。家から出る前日。娘は僕の前に正座して言ったんです。「パパ、10年向こうでがんばってくるけん。パパより成功できる？」、「お前ならできるよ」、「どうやったら成功できる？」。

そこで僕が教えたのは、まず「会社にいちばんに行け」ということ。10年間、毎日お店の鍵を自分で開けなさい。自分の店、会社の鍵をいちばんに開ける人は絶対に成功するからです。

そして、もう一つは「上司の喜ぶことを考えて毎日仕事せないけん」ということ。上司から好かれる部下が絶対成長します。先輩がこれをしてあげたら喜ぶことをとにかく実践する。周りからゴマすりに思われてもいいんです。人生はそういうものです。

たとえば、娘は何をしたかというと、ある先輩は3人のお客さまのカットを終えると、スターバックスでアメリカーノを買いに行くので、先回りして自分が買ってバックルームにそっと置いておく。先輩がバックルームに入ると、もう既に飲みたかったコーヒーがある。そんなちょっとしたことです。

自分がやりたいことは上司といい関係をつくってからやったほうが、逆に応援だってしてもらえる。もちろん、いやな上司もいるかもしれない。でも、そこで戦っても仕方ない。そういう人でも、仕事の関係ではいい関係をつくれるようになれば自分が成長できます。そのほうが人生で絶対にプラスになるんです。もっと言えば、どんな上司であっても自分がうまく使えるようになるぐらいでいい。それぐらいの姿勢でいてほしい。

それに、どんな上司も本当のところはどうかはわからない。苦手な人に見えて、実はよくよく付き合ってみると、その人なりに苦労してがんばってることがわかったりもするものです。そこを考えても、上司を敵対視するのは無意味。自分の人生で出会った上の人とどうすればうまく付き合え、よい関係をつくれるか。そう考えて行動できる人が結果的に自分も成長できて目標達成もできるんです。

自分の上司や目上の人から可愛がられる人になること。それができれば「働きやすく」「やりがいがある」職場を自分でつくることができるのです。

どんなにえらくなっても、目上の人、先輩が引き上げてくれていることを忘れてはなりません。

その3

「部下との関係」

人の喜びの中で生きていくことで、
人はやさしく、そして強くなっていく。

仲間を持つ人は部下との人間関係も良くなければいけない。では、部下とのどんな関係がいいと思いますか？　意外にそこをちゃんと答えられる人が少ないんです。

これは「慕われているかどうか」です。指示をよく聞いてくれるとか、目標達成してくれるといったことではありません。究極的には「惚れられているかどうか」です。人の心には目に見えないバロメーターがあります。それは「信頼残高」です。部下から「おはようございます！」と元気にあいさつされて「おっ、おはよう！」と笑顔で返せば信頼残高が伸びる。部下が落ち込んでるとき「どうした？　なんかあったんか？」と気に掛けてもらえたら、それも信頼残高にカウントされる。

仕事の指示はちゃんと聞いていたとしても、いつもあいさつもまともに返さず、何かあっても知らんぷりな上司を部下は絶対に慕わない。上司がピンチになっても絶対助けてはくれません。むしろ、みんな離れていくでしょうね。

日ごろの細かなことなどを部下に対して誠実にやって信頼の残高を上げて部下に好かれることが大切なんですね。「この先輩に認められたい」「この人を喜ばせたい」と思ってもらえるようになることが、最善の関係なのです。

僕の会社では入社15年目に北海道旅行に連れていきます。なぜ15年かというと、それぐらいで店を卒業して自分の店を出すことが多いからです。そんな中で、同期がほとんど辞めてしまって、モチベーションも低く見え、本当に存在感が薄い子たち2人を北海道に連れていったことがありました。

地球が丸く見える富良野のパッチワークの丘に行って「すごいよ、地球って本当に丸く見えると！」と僕が声を出して振り返っても、うつむいてスマホをいじってる。小樽の有名なガラス工芸の店で「このグラスで焼酎飲んだら最高においしいやろね」と言っても反応なし。やっぱり人財不作の年やった……と少し思ってしまいました。北海道最後の夜。札幌で僕のお気に入りの店で「北海道どうやったか？」と聞くとこう言うんです。「社長、私たちは売り上げも悪いし後輩にも抜かれてるし、今回の旅行は辞退したんです、けど先輩たちが業績は関係ないよ、15年働いてくれたから会社があるんだから胸張って行っておいでと言われたから来たんです。でも来て良かったです。来年からまた初心に返ったつもりでがんばります」と。

僕はそれを聞いてハッとしました。不作の年なんて勝手に思ってただけだと。大間違い！　目立たないけど、本当に謙虚で地道にがんばってくれる人に育ってくれたんだ！とうれしくなって「よし、今日は飲もう！」と焼酎を注文しました。ふと視界にグラスが目に入った。すると、あの小樽の有名なガラス工芸の店で見たグラスです。さすがおいしい店は使ってるグラスも違うんやと思ってると、目の前の2人が親指を立てて「やったね！」という顔をしてる。

じつは僕にわからないように、あのとき小樽の店であのグラスを自分たちのお金で買い、事前にこの店に来て「芋焼酎を頼んだらこのグラスで出してください」とお願いしてくれてたんです。

自分で言うのはおかしいし恥ずかしいけれど、感無量。涙がこぼれ…うれしかったです。「こんなにやさしく気づかいのできる人に育ってくれたんだなあ」と、その日はうれし酒に酔いました！　日ごろ「相手を喜ばそう」とか「満足でなく感動させよう」と言ってきたこと！　それがちゃんと伝わってたというだけのことです。

やっぱり部下に慕われるようになるのは大事。そうなるには相手が誰であろうと、どんな状況であろうと、変わらず部下と誠実に付き合うことです。

その4

「業者さんとの関係」

好意が好意を呼び、
感謝が感謝を集める。

どんな事業をしていても、仕事で必要な材料や機器を持ってきてくれたり、消耗品を届けてくれる業者さんがいます。そういう人たちとの関係を意識してるでしょうか？いや、業者さんなので特にどんな関係をつくるなんてないですという人も多いかもしれない。だけど結構大事なことなんです。

自分たちに関わってくれる業者さんとの関係で大事なことが二つ。どうしても、こちらが発注してるという意識が無意識でも出てしまう。だから「礼」をちゃんと重んじることがとても大切なのです。

自分たちのところに必要なものを届けてくれる。そこには上下関係なんてありません。お互いに大切な関係でしかない。

たとえばお店の入り口のマットを定期的に交換してくれる業者さん。その人に向けてマットの下に手紙を置いておく。「いつもありがとうございます。おかげでお店がいつもきれいになってます」と。すると交換に来てくれた人はやっぱりうれしいんです。

業者さんにちゃんとあいさつする。労をねぎらう。もっと言えば、スタッフ以外は、みんな大切な存在で、みんなお客さんだと思えるかどうかです。

その業者さんが自分たちを大事に扱ってもらってると感じたら、店のお客さんになって来てくれるかもしれない。だけど、業者だからとぞんざいに扱ってたら、絶対にお客さんになってくれないし、むしろ「あの店ダメだよ」と悪く言われても仕方なくなる。そんなふうになってはいけないんです。

もう一つ大事なのはパートナーシップを持つことです。その人たちと共に繁栄していかないと事業も人も成長はできません。

僕の会社は新しい店をつくったときにパーティーをします。うちに限らず美容業界はだいたいそうです。お客さんや機器や用品のメーカーさんやディーラーさんを呼びます。来てもらって宣伝してほしいから。

けれどバグジーの場合は、そういった人は一切呼びません。呼ぶのは工事に携わった建築会社の人、大工さん、左官屋さん、床工事の人、屋根工事の人、内装をやってくれた人、そうした人たちの家族です。

こういうことをやってるところはあまりないみたいですが、ものすごくいいです。現場の仕事に携わる人は、いつもいろんな建築資材でどうしても汚れた格好になる。ご家族も夫や父親が、何をつくっているのか知る機会もない。それがバグジーの竣工パーティーに呼ばれたら、いつもとは違うスーツ姿で本人も誇らしげだし、家族から「こんなにすごい店、パパがつくったの?」と聞かれ、家族もうれしそうにしてるんです。僕はその姿が見たい。そういうことをやっていたら、次にまた新しい店をつくるときに、もっといいものをつくろうという気持ちになっていい仕事をしてくれる。

完成してからも、「ちょっとこの照明の調子が悪いんです」と言ったら飛んできてくれます。普通なら完成して引き渡したら、そこまで親身になってくれませんから。

店の工事を担当してくれる現場の人を、自分たちの仕事のパートナーと思えるかどうか。その人たちが僕たちのためにちゃんとした仕事をしてくれるから、店を開いてやっていくことができる。それは「当たり前」のことじゃなく、ちゃんと感謝を表さないといけないことだと思います。

僕は工事をしている間も毎日現場に顔を出します。工事の人たちには「ミスターオロナミン」と呼ばれてます。たくさんいる現場の人たちに、オロナミンCを毎日差し入れするから。

一般的には僕は施主だから、立場的にそんなことしなくてもいいのかもしれません。だけど、そういう立場だからこそ逆に「暑い中ほんとご苦労さまです。今日もよろしくお願いします」とオロナミンCを配って回ったら「いいオヤジだ」となって、いい関係になれる。そこが大事なんです。

自分たちに関わってくれる業者さんが喜ぶことを考えてやってみる。それができる人が成功者になれるし、成長もできるわけです。

自社に関わるみなさんをパートナーとしてお付き合いすること。自分の会社を支えてくださっている人たちだと思うことこそ「共存共栄」の基本だと思います。

その5

「地域との関係」

周りを幸せにした総量が、
自分の幸せの量に等しい。

その地域で悪い話や文句ばかり出てくるような会社ではダメです。いい会社だねと思ってもらえるようにならないと。

そのために誰でもできる簡単なことがあるんです。何かというと、その地域でモノを買うことです。自分の店や会社のすぐそこにケーキ屋さんがあるなら、その店でスタッフの誕生日ケーキを買う。評判だからと遠くの店に買いに行ったりしない。

ちょっとしたものも、いちばん近いコンビニで買って店員さんに覚えられるぐらいになる。そうすると、好意として、お客さまとなって来店してくださる。そういう当たり前の近所付き合いをしっかりすることで良い評判となり、繁盛するわけです。

直接的にも間接的にも、その地域から自分たちのところに好意としてお客さまとして来てくれるようになるわけです。

僕の会社では給料日に、この給料は地域の方からいただいたのも同然なんだよと話す。だからできるだけお金は会社の近くで使ってくださいとスタッフに言ってます。

「人の口に戸は立てられない」という言葉があるように、付き合いが始まれば絶対人は味方になってくれますし、付き合いがなければ敵とみなしてしまうんです。

町内会でみんなで掃除をするときには必ず参加するなど、ちょっとしたことが本当に大切です。

結局、どんなビジネスでも「評判を味方にすること」が大事なんです。評判が唯一のブランドと言っていいぐらい。

僕は、お店に入ってトイレの便器がＴＯＴＯ製だったらうれしい。なぜかというと北九州では、ＴＯＴＯは地元の自慢の会社だから。知り合いのお店に行って、ＴＯＴＯ製じゃなかったら「これじゃいけん。ＴＯＴＯ製に付け替えたほうがいいよ」と言うぐらい。そこで本当に付け替える人は必ず成功します。笑ってごまかすような人だと、なぜかダメになる。

実際、ＴＯＴＯにはグループで約３万人のスタッフがいるんです。北九州市の人口は約94万人ですから人口の３％がＴＯＴＯのスタッフ。その家族や関連業者なども加えたらすごい数です。だから僕のお店は全部ＴＯＴＯ製のトイレです。

地域の人と共に良くなっていく、栄えていくお店や会社にしないといけないし、そのためには地域の店や会社、ブランドを大切にしないといけないんです。

これは「郷土愛」という言葉でも言えます。郷土愛のない人はやっぱり親を粗末にします。親を粗末にするというのは、自分のことしか考えてないし見えてないからです。自分を陰でどんな人に支えてもらってるかをわからない。

生まれ故郷を大事にしてる人は、たいてい親も大事にしています。全部同じなんですね。やっぱり郷土愛がある人は愛情深いからいろんな人に応援されてうまくいくんです。

「俺、こんな場所だからうまくいかないんだ。東京だったらうまくいくのに」という人がいますが、そういう人はどこに行ってもダメ。自分の今いる場所を大事に思えない人は、どこに行っても成長できないのですから。

「置かれたところで咲きなさい」という言葉があるように、地域を知り、好きになり、その同郷の人たちから愛されるような会社（店づくり）をしていきたいものです。そして、少しでも近隣の人たちのお役に立つ会社（店）になりたいものです。

そうすれば、自然とスタッフは人として成長するのです。

その6

「いい友人」

友情は熱量の源であり、
人生の道しるべとなる。

成長できる人は「いい友人」を持っています。では「いい友人」とはどんな人なのか。僕は「勇気をくれる人」だと思っています。

一緒にいて「お前、もっとやれるよ」「今日どうした？　なんかあったか？」と気に掛けてくれて自分と向き合ってくれる人が「いい友人」です。みなさんはどうでしょう。思い浮かぶ顔がありますか？

反対に「勇気を奪う友人」も結構いるんです。「もうそんながんばらんでいいよ」「そんなにがんばってどうするの」とこちらのテンションを下げる人。そういう人はできればあまり付き合わないほうがいい。

なぜなら、友達は〝第二の自分〟だからです。これはアリストテレスの言葉ですが、自分は必ず友達のようになっていくものなんです。悪い友達を持てば、悪い部分を自分もいつの間にか持つようになるから気を付けないといけないんですね。

人との付き合いは人生に大きな影響を与えます。何を買うかよりも、誰から買うか。どこに行くかよりも、誰と行くか。そこを大事にしないといけない。

もうひとつ言うと、友達でもない先生や師匠でもない、けれども自分に示唆を与えてくれる人との関係も意味があります。幕賓《ばくひん》と呼ばれる存在です。

友達にはないものを持っていてすごく勉強になる。でも師匠ほど敬うような高いところにいる存在でもない。今の言葉でいうと友達とメンターが交じったような感じでしょうか。

成長が止まってしまう人は、自分以外の友人や幕賓のような人からいい影響を受けることをやめてしまったり、損得のことしか考えなくなって人との関係を希薄にしてしまう。

実際、僕が昔そうなりかけました。かつてアメリカで美容師をして、日本でもアメリカ流の成果主義で、売り上げを上げた人にだけいい思いをさせて、人との関係が壊れてしまった。

会社は借金だけが膨れ上がって、いっそ保険金できれいにできるなら……と自殺まで考えましたが、保険金が出ても借金のほうが多くて思いとどまった。そんなときに僕の友人の一人に呼び出されたんです。会いに行くと、友人が僕に実印と印鑑証明書を差し出しました。

「これあれば保証人なれるやろ。俺にはこれぐらいしかできんけどがんばってくれ」と。

もう、ぐわっと涙があふれました。そんなことまでしてくれるなんて。と同時に絶対負けたらいかんと思った。どこかに消えていた勇気がふつふつと湧いてきたんです。今でも忘れられない。

そのとき友人が印鑑と一緒に持ってきたのが、ある僧侶の法話のカセットテープだったんです。それを聞いてもう一回やり直そうと思った。

その僧侶に相談に行くと、「死ぬ気でやるのはいいけれど、死んだら困るから名前だけ変えなさい」と言われて、その場で名前を書いてもらったんです。

それまで「和也」だったのを「華図八」として「華を描き続けなさい。美しい経営をしなさい」と名付けてもらったのが今の僕です。

友達は大事です。何度も助けられることがある。人生はいい友達を探して出会う旅かもしれません。夫婦は来世でも会えると言いますが、友達は三世まで会える。それぐらい結びつきが強いんです。だからこそ、いい人生にしたければいい友達をつくらないといけない。自分のどん底の時代を思うとき、心からそう思います。

その7

「尊敬できる人」

尊敬する人に出逢うということは、
船が羅針盤を手に入れたようなもの。

尊敬できる人を持っているかどうかは人の成長に大きく関わってきます。メンターという存在でも構いません。

「尊敬できる人を3人持てば、尊敬される存在になるだろう」と昔の人は言いました。例えば、事業をやっている人の中ではこの人。人間としてはこの人。同性としてはこの人。そんなふうに異なる分野で3人、自分が尊敬できる人を持つことです。

なぜいろんな分野で何人も尊敬する人を持つほうがいいのか。一人に絞り込むと、その人はとんでもなく尊敬できるけれど、理想が高すぎてついていけなかったり、依存してしまったりするからです。すべての分野で長けているスーパーマンみたいな尊敬できる人はそうそういません。

また、自分が尊敬できる人が持っているものは、必ず自分も持っているものなんだということを自覚するのも大事です。尊敬できる人のいい部分を挙げてみれば、それは自分にも当てはまる。なぜなら自分の長所でしか他人の長所を見ることはできないからです。

もし、みなさんが「自分の尊敬できる人は、なんといってもやさしい。やさしさは群を抜いてる」と感じていたら、そう感じる自分もまた「やさしい」。やさしい人しか、人のやさしさを感じることはできません。

逆のことも言えます。自分が大嫌いで尊敬できない人は、自分もまたその嫌いに感じる部分を持ってる。例えば、自分がズルをして行列に割り込みたいという気持ちを持ってるから、目の前で割り込まれた人のことが頭にくるのと同じです。

割り込みたい気持ちをまったく持ってなかったら、割り込んだ人を「何かあったんかな？」ぐらいにしか感じません。

ですから尊敬できる人がいたり、見つかったらその人の「いい部分」を一度考えてみてください。すると、自分の中にも隠れている天賦の才が見つかるかもしれません。自分のことはなかなかわからないけれど、尊敬できる人を鏡にすれば自分の持っているものが映し出されることはよくあります。

そこを自覚すれば、もっと自分が尊敬できる人のレベルに近づくことができます。

別の表現をすれば「惚れる」ということです。僕が人生をいい方向に変えることができたのも、僕が尊敬できる人に出会ってきたからです。

僕は15歳で美容師の世界に入ったけれど、それまでは暴走族でした。地元では悪い意味で超有名。器用だったせいもあって、それから美容の道に入り、7年で自分の店も出せた。けれど思ったようにお客さんが来ない。

そんなある時、ビバリーヒルズの世界的な美容師がたまたま来日してカットをする現場を観ることができたんですね。

その人のカットを観て衝撃が走りました。上手すぎる。神業でした。一発で惚れて、その場で「弟子にしてください」と言った。その先生は軽い気持ちで「来れば」と言ったのだと思いますが、僕はすぐにその人のマネージャーをつかまえてアメリカに帰国する日程を聞いて、その先生が乗る飛行機を自分も予約しました。

先生は「君はむちゃくちゃだな」と呆れていましたが、僕はもうこの人しかいないと思ったので「死ぬ気でやります」と頼みこみました。

そこから11カ月、僕は先生のもとに置いてもらって基本から学ばせてもらったんです。そして帰国後、僕は先生が認定した日本人講師第1号になり、それまでが嘘のように人気店になることができました。

大事なのは、自分から尊敬できる人を「求める」こと。求めてなければ決して出会えない。よく、自分の周りには尊敬できる人なんていないと言う人がいますが、それは心の底から求めてないからです。

いい人生、成長できる人になりたいなら「尊敬できる人」を見つけてください。それは若いうちのほうがいい。年齢を重ねてから自分よりすごいと思える人を見つけるのはいろいろな意味で難しくなります。

べつに年上だとは限らない。尊敬できる人は年齢も性別も関係ありません。尊敬する人を持つということは、自分の目指す人間像がはっきりしたということですから、ゴールを目指して走るランナーのようなメリハリのある素晴らしい人生になるでしょう。

その8

「家族との関係」

家族の存在が
自分のエネルギーであることに
気づいた人が真のリーダーです。

家族との関係が良好でないと、仕事に打ち込めず自分の成長もできなくなります。ですから、家族を大切にすることですね。

ですが、気をつけてほしいのは、過剰に大切にすることはあまりいいことだとも言えません。たとえば、家族に高級外車を買ってあげたりとか、家族のために世界旅行に行ったりなどは、やり過ぎると自欲の強い人だと思われたり、人から勘違いをされたりもします。やはり分相応というか、ちょうどよい大切がいいと思います。

いつも僕は言うんですが、家族で求めすぎて戦わないほうがいい。家族や夫婦、親子と険悪になってもいいことはありません。もちろんお互いに人間だから気に入らないことも出てくる。そこをどれだけ受け止められるかです。

僕は基本、奥さんに逆らいません（笑）。「こうしといて」と言われたら素直にそうします。それでいいんです。家の中で戦って内側でエネルギーを使っていては外側(商売)でエネルギーを使えません。

また、家族の中でも親に対しては、でき得る限りのことをしてあげるべきでしょう。これから先、長く一緒にいることは少ないからです。たとえどんな親だとしても、その親がいなければ自分が生まれていないのは厳然とした事実なんです。

もし、親がもうこの世にいないならお墓参りはしましょう。僕はいつもそう言っています。

そんなふうに親を大事にする後姿を自分の子や若い人に見せておかないと、どんどんおかしなことになってきます。全部、自分の力でやれていると思ったらどこかで大きな失敗をします。

基本的に家族は「エネルギーの源」にならないといけない。どんなときも家族の顔を思い浮かべたら前に一歩出られる。そんなふうに家族愛をエネルギーに変えられるのがいい家族との関係です。単純に家族の仲がいいとかそういうことではないんです。今は自分の家族をリスクにしてしまっている人が多いですが、エネルギーに変えてほしい。

そして意外にちゃんとやれてる人が少ないのが義理の親との人間関係です。義理のお父さん、お母さんとの関係も大事。家族の関係をうまくやれている人は、そこもわかっていて大事にしています。

自分の親以上に相手の親を大事にしてくれたら、やっぱり相手はうれしい。なぜ、うちの奥さんが僕みたいな大変な旦那（笑）をもらってもがんばってくれてるかといえば、僕が奥さんの両親をできることしかできませんでしたが、大切にしていたからだと思います。

家族はエネルギーの源です。それをわかっている人は必ず成長していきます。

変な言い方ですが、背負っている人がたくさんいることが自分のエネルギー、モチベーションになるのではないかと思っています。家族はもとより、親類や親しい人の荷を少しでもたくさん背負うことを自分の誇りとエネルギーに変えることが、本当のリーダーなのだと確信しています。

プログラム

ビジョン（目標）	社風	能力（スキル）
プログラム	人が育つ	価値観
人間関係	環境	リーダーシップ

アウトソーシング	ベンチマーク	ボランティア
家族を大事にする	8章 プログラム	チームワーク
長所を伸ばす	価値観プログラム	キャリアパス

Program

体験することこそが、
自分をより
高みへと導いてくれ、
成長の扉を開いてくれる。

8 プログラム

その1

「アウトソーシング」

プライドは捨て、誇りを持っていれば、
見えるものが変わってくる。

外部のいいものを取り入れる。新しい風を呼び込む。それらはアウトソーシングと呼ばれるものです。スタッフに外部の一流のものに触れさせたい。僕はそんな想いを持ってアウトソーシングを取り入れています。

定期的に、外部から日本でいちばんメイクの上手な人に来てもらってメイクの勉強会をしたり、日本髪のセットの講習会をしてもらったり、海外の一流の美容師を招いて勉強会をする——。いろんな外部の人の力（良いところ）を取り入れて、それをプログラムにしています。

経営者や幹部だけがそうした一流に触れるのでは意味がない。スタッフが直接触れて、感じて吸収するから意味があるんです。

同業の人を外部から呼ぶのはプライドが邪魔してできないという人が意外に多い。でも、そんなプライドは小さいものです。僕は全然気にしない。むしろ自分よりすごい人を連れて来て、みんなに会わせてあげられることがうれしい。

向こうも「バグジーのスタッフに教えることができる」と気合を入れて来てくれるのでお互いにすごくいいいんですね。

それをやらないから組織や会社が伸び悩む。自分を超える人財が出てこないわけです。

僕も最初はなかなかできなかった。自分が「先生」であるしトップなのに、すごい人を呼ぶと自分の立場がなくなるんじゃないかというちっちゃなエゴが目覚めるんです。けれども、外部からすごい人を招いて学ぶことをやるようになってから僕自身の学びを深める機会にもなりました。

最初は現場リーダーたちが触れてみるのでもいいと思います。ただ、そこで終わってしまわないこと。自分だけがすごい人に触れて、それを自分の「実力」のようにして周りの人間を惹きつけようとしていたのでは、みんなはつまらないし、成長しません。

やはり、人は相対的な思考が強いですから、比べる対象を一流にしてあげることによって、今の自分とのギャップを自覚して、そのギャップを埋めようとするところから学びがはじまり、自己成長へとつながっていくのです。

外部のいいものは、スタッフの成長のために取り入れて活用することが大事なんです。一流の人を育てたかったら、一流の人、一流のものに触れさせることが一番だと思っています。

8 プログラム

その2

「ベンチマーク」

体験に勝る気づき、学びはない。
「聞いた」「読んだ」では
伝わらないものがある。

自分たちより優れた組織や相手、目標にしたいものを見つけ、そこを基準にして近づけるために見学に行くことがベンチマークです。僕の場合は、直接そうした企業や人のところにこちらから出向いて学びます。

ここはすごいと見聞きすれば、僕らはすぐに行くんです。「そのうちに」と思っていたら忙しさに流されて永遠にその機会はやってきません。

行ったときは商品やサービスを見るだけでなく、そこで働く人たちも含めて全部を見る。その人たちがどういうことを考え、どういうことをしているのかを学ぶ。それが大事です。

近年では、函館の超有名ハンバーガーチェーン「ラッキーピエロ」さんも存在を知ってすぐに飛行機で飛びました。すべての店舗は回れませんでしたが、それでも3店舗回った。一つとして同じ店がないんです。メニューも外観や内装もさまざま。どの店もぶっ飛んでます。

チェーンなのになんでそんなふうになっているのか。聞いてみると「どこのお店に行ってもそれぞれの驚きと雰囲気を味わってほしいから……思い出になるお店でありたいと願っているからです」とのことでした。

それも今に始まったものではなく、まだSNSもなかった時代からバイクでツーリングに来る人たちに各店を回ってもらって、宿の思い出ノートなどに写真と一緒に口コミを書いてもらっていたというのも勉強になりました。

そして、なんといっても働く一人ひとりが明るく元気で、素晴らしい対応であることに感動しました。お客さまであふれる理由はここにあると、一緒に行ったメンバーみんなで感動しました。

学びの中でも実際に「体験」「体感」するベンチマークはとても効果的です。人はやはり直接経験してそこから学ぶものに大きく影響を受けるからです。

過去の偉人などをベンチマークするのでもいいんです。歴史的な場所や資料館に出向いて、その人の考えや残したものに直接触れて、何がその人のすごいところなのか、人を動かした秘密は何かを考える。

最近、もっともやっているベンチマークは、ビデオによるベンチマークです。優れた会社や企業を大人数で訪問するのはリスクも大きいですが、今では、そういう企業を紹介するDVD（バグジーではブロックスさんから定期的にリリースされるDVDを毎月教材にしています）などがありますので、そのDVDをみんなで見る上映会をしています。みんなで見て感じられるので、とても会社のためになります。月に1回はみんなで全国の優れた会社を訪ねているようです。

そうした機会を経営者やリーダーはみんなのためにつくってあげてください。その経験のあるなしが大きく成長に関わってきますから。

8 プログラム

その3

「ボランティア」

人生の長さは変えられないけど
幅は変えることができる。

ボランティアを行うことにはいくつか理由があります。ひとつには、人のお役に立てることの喜びを知ることができるということ。もうひとつには、自分たちの仕事の力の素晴らしさを感じてもらえることです。

20年間続けているのが、病院で寝たきりの方のカットをしてメイクをするというボランティアです。普段なかなかできない「美しい自分」になれるので、高齢者の方もすごく楽しみにしてくれている。中には涙ながらにお礼を言われることもあります。

そんなときに、スタッフは「美容師という仕事をしていてよかった！」と理屈ではなく思うわけです。

ボランティアは1回、2回やっておしまいではなくプログラムとしてずっと続けていくことが大事。続けることで何が起こるか。僕のところのスタッフは「仕事が好きになった」と言います。最初は自分が有名になりたくてこの世界に入った。でも、それ以上にうれしいことがあるんだとボランティアを続ける中で気づくのです。

さらに、他の社会貢献活動もすることで美容師という職業にプライドを持つことができる。自分たちは人のためにもなれる存在なんだと自覚できます。地域から必要とされている誇りが生まれるんです。

毎年、クリスマスには地域の児童養護施設にスタッフみんなで出かけて、施設の子たちとクリスマスパーティーもします。僕らがみんな仮装して子どもたちを楽しませる。施設の子たちは、何もなければ一緒に楽しむ家族もいない淋しいクリスマスなんです。

でも僕らが毎年来るのを本当に楽しみにしてくれている。パーティーが終わって外に出たとき、僕もスタッフもいつも何ともいえない充足感と清々しさを感じるんです。今年も来れてよかったという気持ちです。

誰かのためだけでなく自分にもいいことになって還ってくる。ボランティアにはそんな力があります。

そんな経験が「人を喜ばせること」「人のお役に立つこと」「与えてあげる喜び」「背負っている満足感」を育んでいくのです。

インターネットで「人の幸せ」を検索すると、「愛されること」「ほめられること」「役に立つこと」「必要とされていること」と出てきますが、ボランティアとはまさにその4つを叶えてくれるのです。「自分が幸せを感じる」瞬間なのです。日々仕事に追われていると、つい忘れてしまいがちな「幸せ」を思い起こさせてくれるのです。自分たちの仕事の素晴らしさに気づかせてくれるのです。

8 プログラム

その4

「チームワーク」

会社の底力はチームワーク。
会社の空気はチームワーク！

組織や会社では「A店はいい状態だけれど、B店は状態がよくない」「営業部は人間関係もいいけれど、製造部はあまり仲がよくない」といったことが起こりがちです。知らず知らずのうちに、社内に見えない壁ができてしまったり、部署間や各々の支店の温度差というか熱量の差ができ、結果、スタッフ間の不仲やチームワークの欠如が生まれます。

そうならないために、僕の会社では、縦のつながりよりも横のつながりを強くするプログラムを取り入れています。それは、いわゆる同期の絆です。組織は縦を強くするより横を強くしたほうが、より強固なものになるからです。

バグジーの同期は2カ月に1回ほどは同期で集まって飲み会をやっているようです。同期だからこそいろんな話がフラットにできて相談もできるからです。

会社を辞めないで済んだ理由の1位は「相談相手がいたから」。同期をライバルにはしない。相談相手であり、一緒に成長する仲間（チーム）にするのが大事なんです。

チームワークは無理やりつくれるものでもない。自然に「この仲間と一緒に前に進みたい」と思える関係があってこそです。同期という年次でくくるのが難しいときは、同じ職種、ポジションの仲間でもいいと思います。

横のつながりが強くなると、いろんな壁、境界線がなくなります。すると、自然に助け合うことができる。

たとえば、僕の会社では新入社員が入社式の翌日、バグジーの全店舗を歩いて回る「あいさつ回りウォーキング」というのをします。約50キロの道のりがあるんです。新人たちは足にマメができたり、足がパンパンになってしまう。入社したばかりのときは〝他人〟だった同期が、それだけの距離を一緒に励まし合いながら歩くといつの間にか「仲間」になります。新入社員を迎える各店のスタッフも、一生懸命歩いて回ってくる子たちを、自分たちで買ってきて盛り付けたフルーツや、手作りのおにぎりでもてなす。

そうやって歓迎されるのを感じて、ここでも自分たちはバグジーというチームに入らせてもらったんだという想いが湧いてくるわけです。

他にも、僕たちは年1回、全スタッフで2泊3日のキャンプに出掛けます。学校が夏休みに入った7月の最初の月〜水まで全店休みにして出かける。本当だったら、1年で2番目に忙しいかきいれ時なんです。学生さんが夏休みに入ってすぐカラーやパーマをかけるタイミングだから。それでも、みんなで海岸に行って釣りやバーベキューをする。売り上げだけを考えたらそんなことはできない。百人あまりの2泊3日の食材調達だけでも大変です。

それなのになぜこの時期にやるのかというと、バグジーのスタッフの家族（特に子どもさん）に参加してもらい、交流を深めたいからなのです。1年に1度くらい、家族ぐるみの思い出をつくりたいからなのです。

バグジーは「人が辞めない会社にしたい」という想いがあるから、こっちを優先するわけです。どんなに経営が厳しい時も続けました。

そのおかげで、本当にバグジーはいいチームになれたんです。何十年働いてきた子が独立するときも「そろそろ独立を考えてます。社長がいいと思うタイミングでさせてください」と言ってきてくれる。普通なら、自分が独立したい気持ちのほうが優先でしょう。それをチームに迷惑をかけたくないからと、そう言ってくれるわけです。みんながいいチームだからそんなふうに、仲間を思いやれる人間に育つのだと思います。

どれも小さなことかもしれません。でも、その小さな積み重ねは本当に強いチームワークとなり、責任感の拡大になっていくのです。

チームワークがよくなるためのプログラムをぜひたくさんつくり、強くしなやかなチームをつくってください。

8 プログラム

その5

「キャリアパス」

何が自分を成長させるかがわかり、
その成長を実感できることが、
仕事のやりがいになる。

僕の会社でも、お客さまへの基本的な応対から始まり、シャンプーやブローの試験をパスし、髪を染めるカラーの勉強をして、カットを学びというキャリアパスがあります。入社8年で美容師としては最高のレベルに育て、そこから15年目までには経営者としても通用できるように育てるというプログラムをつくっています。

プログラム化されていることで目標が明確になり、人が育ちやすくなるわけです。はっきりした自分の次の課題があることが意欲を引き出し、自然と次へ次へと学んでいくのです。また、このことにより、お客さまから見た平均化された技術力、対応力がブランド力にもつながっていきます。

また、キャリアパスがないと、知らず知らずスタッフの間に「不公平感」も生まれます。なぜ、そんなに経験も違わないのにあの人はあの仕事をさせてもらっているのかというような不満が募っていく。明確でオープンな基準や仕組みをつくることでそうした「不公平感」をなくすこともできます。

一人ひとりをキャリアパスの階段にちゃんと乗せると「A君はこの段階まで来ている」「Bさんは、この段階一歩手前で足踏みしている」という、個々の成長度もわかりやすくなります。指導するほうもしやすい。

中途採用を行っている組織や会社であれば、なおさらキャリアパスのプログラムは重要です。それがないと不公平感がものすごく強まるからです。

目標が明確だと、「できるようになりたい」と、モチベーションも高まります。山登りでいえば「ここまで来ればこんな景色が見える」というのを最初に見せるわけです。

キャリアパスには「正解」はありません。自分たちが目指すもの、大事にするものに合わせて最終的には独自のキャリアパスをつくるのがいいと思います。

美容業界は離職率が30％とほかの業界よりも高い。つまり3年でスタッフが総入れ替えになってしまうわけです。一方、バグジーの離職率は2～3％なのです。その大きな理由は、やはりキャリアパスがしっかりしているからです。

どんな業界のどんな職種でも「これだけできるようになれば成功できる」という条件はあると思います。その条件を洗い出して、段階ごとに並べていけばキャリアパスになります。

ポイントになるのは「急がない」こと。入社して短期間で独立できますというようなものはだいたい失敗します。僕たちは最短でも15年なので、15年経った人が次にバトンを渡していくことで安定した経営ができます。

これが数年で人が入れ替わっていくようなものだと、それほど育っていないスタッフばかりがいる状態になって経営はうまくいかなくなるわけです。

ちなみにバグジーではキャリアパスを上がっていくのに習得しなければいけない技術は、細かいものも含めて全部、例えば「ワンレングスのカットはこうする」という基本を僕の目線で見られるように撮影したビデオがたくさんそろっています。

それをいつでも自分で見て勉強できる環境もセットで用意しているので人が育つのです。

自分の次の課題が明確で、それをクリアしていくことで成長実感を得ることができ、やりがいとなり、気がつけば長期にわたり働きがいへとつながっていくのです。

その6

「価値観プログラム」

仕事は心が支配する。
心のような仕事になる。

目に見えるスキルや能力以上に、目に見えない「価値観」が大事だと思います。スタッフが突然辞めてしまう。仲が悪い。お客さんからクレームが来る。どれも心の教育である価値観プログラムが機能しているかいないかで決まってきます。だからこそ僕は「人の心を大切にする価値観」を醸成していくプログラムを大切にしています。

ひとつは、「読書」の推奨です。いろんな世界を本で学んで知っていると、接客に違いが出ます。ちょっとした会話で「知性」がわかってしまいます。

最初は本のレポートを出した人にだけ賞金を出すのでもいい。そこにつられてでも読む習慣をつけてもらうことに意味があるからです。なぜなら読書は自分より優れた人の人生や考え方を疑似体験できるからです。その積み重ねで心が成長できます。

さらに、本で学んだ言葉を自分でも使うことで、言葉に力をつけることができる。これは「言霊」の力です。伝わり方、説得力が違ってきます。

読書のコツは「違ったジャンルの本」を数冊選んで、はじめることです。「今日の通勤の合間にはこの本を読もう」とか、「今日は休日だから、じっくり時間をかけてこの本を読もう」とか、「今度のミーティングのためにこの本を読もう」とか、その時その時に必要だと感じる本を読み分けることで読書を継続することができ、自分の気分を変え、日々の自分の心の豊かさとなっていくのです。

読書を続けている人は、やはり「心が豊か」になり、謙虚さや誠実さや利他の心を身につけていくのです。そして、その心の豊かさこそが自分の価値観をよりよいものにしていき、しいては、会社全体の風土となっていくのです。

また、前にも紹介しましたが、DVD鑑賞会も価値観教育には不可欠なものです。みんなで同じDVDを見て感化され、共通の同じ価値観になっていきます。ここで使うDVDは社員の心の成長のための専門DVDを活用したり、テレビなどで放映されたものでもよいと思います。この鑑賞会を一度や二度行っただけでは結果は出ません。何度も何度も行うことで、スタッフ一人ひとりの心に根づいていくものなのです。バグジーでは、もう20年も続けている価値観プログラムです。続けることで、バグジーの「人を大切にする心、価値観」がみんなに浸透しているのです。

いちばん最初に鑑賞会をやったときのことは忘れられません。「プロジェクトX」の薬師寺金堂再建の回をスタッフ10人で観ました。僕は棟梁の腕と心にすごく感動して泣きましたが、スタッフはみんな寝てました。中には爆睡してる子もいる。

「そうか、これが僕の会社の現実なんだな」と思いました。心が育ってない。だから当時いろいろなトラブルも起こっていたわけです。

この子たちがビデオで寝なくなるまでやろう。そう思って続けて、2年後ぐらいに、日本初の骨髄バンクをつくった大谷貴子さんの回を観たとき、スタッフ全員が泣いてました。そのあと、たくさんのスタッフが骨髄バンクにも行った。そのとき、僕は「もうバグジーは絶対大丈夫」と確信できたんです。

こういったスタッフの「心」を育てる「価値観プログラム」はすごく大事です。直接、売り上げにすぐつながらないかもしれない。けれども後になって「心」が豊かに成長しているスタッフがいることが、組織に大きな力をもたらしてくれるのです。

価値観と能力（スキル）の両面を育成することが、真の意味でスタッフが「人生の勝利者になる」ことにつながってくると思っています。

8 プログラム

その7

「長所を伸ばす」

リーダーの仕事は
一人ひとりに自信をつけさせること。

僕が会社で大事にしているのは、長所を伸ばすことで人を成長させることです。平均的な点数の人をつくるのではなく、他が低くても何か突出したものを持っている人をつくる。同じような人財をつくるのが経営者の仕事ではありません。

彼はこれをやらせたら誰よりすごいと周りも認めて本人も自覚できるものを、みんなそれぞれに持ってもらうことが大事なんです。これを僕の会社ではプログラムにしています。例えば、幹部社員の長所を伸ばしチーム力を高めるためにはこんなふうにします。「あなたはスキルが高いので、教育部門のリーダー」「あなたは企画やマネジメントがうまい。なのでマネジメントのリーダー」「あなたは人のことをよくわかっている。だから人事や採用のリーダー」というように、それぞれの長所に合わせて担当を分けるんです。

これがすごくいいんです。なぜならバグジーでスキルのリーダーになれば、日本一を目指さないといけないので、そこからもっとスキルの勉強をするようになるからです。他のことはそれぞれ得意な人に任せるから長所を生かすことに集中できる。すると、リーダーの間でケンカになることもなくチーム力がアップするわけです。

これが役割が決まってないと、誰が取締役の中でも上なのか下なのかという無駄な競争が生まれます。自分は得意なものを伸ばせばいいんだとわかっていると変に気負わずに進めるので、成長スピードも速いんです。

また、バグジーは美容室だけでなく飲食部門やウエディング、ペットの美容、ヘアーショーなどいろんな仕事の場面を持っている。それがあることで、スタッフのさまざまな長所が生かせる機会も多い。

自分の長所を生かせるチャンネルがあることも人が辞めず育っていくために必要なことだと僕は考えています。

「和は同ぜず」というように、本当に強い組織とは、同じような人が集まっている組織(同)ではなく、さまざまな個性のある人が集まっている組織(和)であることであり、個性を伸ばすことが個人にとっても大切なことだからです。

誰にも自分でも自覚していない長所を持っているものです。それを引き出してあげることこそ、人財育成のだいご味だと思うんです。たったひとつでもいい、誰にも負けない長所(強み)を持つことで、自信となり、自分らしさとなり、光り輝いていくのです。

一人ひとりの良いところ、得意なところの芽をつむことなく、伸ばしてあげるための道(プログラム)を用意してあげることが、唯一無二の人財を育てることになるのです。

8 プログラム

その8

「家族を大事にする」

すべては家族の笑顔のために。
すべては社員の幸せのために。

僕の会社では新入社員の入社式で「父母からの手紙」を読む時間があります。新入社員の親御さんが、自分の息子、娘をここまで育ててきた想いを手紙にして託すわけです。思わぬサプライズに、みんなボロボロ泣く。それを見ている僕らも毎回もらい泣きです。

じつは、もうその時点から「家族を大事にする」プログラムは始まっています。次に、彼らが初任給をもらった1カ月後。僕の会社では、初任給と別にこれまで親に育ててもらった感謝の助成金としていくらかを出すんです。

プレゼントを買ったり一緒に食事に行ったり、感謝の表し方はいろいろ。どんなふうに使ってどうだったかをレポートにするのが約束です。その内容がまた泣けるんです。

今まで親にろくに感謝したこともなかった子が、バグジーに入った以上は「親孝行は義務」なので初めてぎこちなくプレゼントと共に感謝を伝える。親は驚いた顔で「ありがとう」を言ってくれたと。僕はそういうのが好きだし大事にしたいんです。

そこでプログラムは終わりません。入社1年目の夏。世間ではいちばん新入社員が辞めたくなる時期です。僕たちは、新入社員の日常の仕事風景をＤＶＤに撮り「まだぎこちないですが一生懸命お客さまに向き合っています」というテロップを入れたりしたものを親御さんに送るんです。

　これがまたものすごく親御さんに喜ばれます。そのあと、息子、娘が夏休みで帰省したとき、すごくあたたかく迎えてくれる。親にも自分ががんばってる姿が伝わっていて、親も喜んだり安心してくれているのがわかると、そうそう辞めようという気持ちにはならないんです（笑）。

　1年の締めくくりの大みそかと元日は親と一緒に過ごせるように、他の店ならかきいれどきの大晦日12月31日も休みにしています。これが大みそかまで仕事があれば、疲れてしまって正月に親に顔を見せに帰らなくなる。元旦の朝を自宅で迎えてほしいのです。こんなこともちゃんと会社が考えないといけません。

　さらに毎年、両親の誕生日には有給休暇がもらえます。結婚すれば義理の両親の誕生日も有給にプラスされます。自分のパートナーが自分の親のことを大事にしてくれるのはうれしい。夫婦の仲もよくなる。その手助けにもなるので「家族を大事にする」プログラムの一つとして行っているわけです。

　他にも「メモリアルホリデー」という有給休暇も年に4日取れます。文字通り、家族にとってメモリアルな大事な日に休みが取れる。子どもの誕生日だとか、何かの発表会、親の還暦だとかを家族で一緒に過ごせるのはすごく幸せなことだからです。

最初はかたちから入っても構わない。それでもやっているうちに「自分はいいことをやってるんだな」と思えるようになり、その心が接客にもあらわれて、すごくいい接客ができるようになったりするんです。

また番外編のプログラムとして勤続10年の女性スタッフは、ショートタイム社員として通常より早く帰宅できる仕組みもあります。数時間でも早く帰宅できれば家のことができるし、子どもたちも喜ぶからです。

バグジーには結婚してパートナーがいるスタッフも多い。そうすると、どんな課題が生まれるか。仕事が忙しかったり、いろんなイベントの準備で時間を使ったりすると、パートナーのほうがバグジーに対して不満や不信感を持つことがあるんです。

昔はそのことに気づかなかった。けれど、あるときから気づいて、結婚しているスタッフは正月の2日に僕の家に来てもらうようにしたんです。準備する側は何十人分のおせちを用意して大変ですが、それを続けるとパートナーの理解度が違ってくるんです。「旦那さんの理解があるんで、うちで美容師を続けてもらえてすごく感謝してます」ということを直接伝える。すると相手も自然に「そんな、こちらこそお世話になって」となるんです。そして話をしていくうち、僕と同じように釣りや車が好きだったりという共通点がわかって、そこから仲良くなる。

家族主義というのはそういうものだと僕は思っています。言葉だけじゃなく、本当に家族で仲良くならないと。

正月に招くのが無理なら、年1回でも働いているスタッフの家族、パートナーに感謝する会をつくってみてください。本当に人が育つ組織、会社にしたいならスタッフの家族とも「家族」になれるようにするのが大事です。

おわりに

ES（Employee Satisfaction＝スタッフ満足）がこの10年ほど妙に取り上げられるようになりました。

でも、僕はちょっとおかしいなと思っています。働くスタッフが幸せになれる環境をつくるのが何より大事とこの本でも言ってるのに矛盾してないか？　と思われるかもしれませんが、そうではないんです。

ただ単に表面的に、こんな制度をつくってCSを向上させるとか、スタッフに辞められないためのESという考え方や施策は的外れだと思うんです。スタッフを甘やかすのは本当のES、本当の働く人の幸せじゃない。

ある意味で、僕たちのつくっている「人が育つ仕組み」「働く人の幸せ」は厳しいです。

なぜなら会社から与えられるものではなく、自分たちでつくっていかないとできないものだから。

この本で紹介してきた「64のゴールデンルール」を全部、僕とスタッフみんなが一緒になって考え、実践し続けてようやく手にできるものだからです。

ですから、働く人に「ここだったらラクができていい待遇も与えてもらえる」と思われるようでは意味がなく、かえって不幸ではないですか？　お互いに成長する喜びや、分かち合えるものがあるということが大事ではないでしょうか？

成功は約束できずとも、成長は必ず約束できる会社であるべきなのです。

ある統計では、すでに日本は欧米やアジア諸国と比べても「もっとも働かない国民」だそうです。働き過ぎのイメージがある日本人が、です。

もちろん、無駄に長時間働くのがいいのではない。そうではなく、みんなで何かを乗り越えたり達成したり、かたちにしようということすらなく、ただただ「ラクしたい」という方向に流されて、見た目だけ「スタッフにやさしい会社です」というのでは誰も幸せになりません。

ＣＳにしても、ＥＳにしてもそういう「満足」を勘違いした会社にはしてほしくない。働く人が自分たちで「こんなことができて幸せ」と思えるものをいくつもつくり、そのためにときには汗や涙を流す。その時間を分かち合いながら一緒に育つ仲間がいて、そうした人に会いたくて、お客さまがやってくる。これが本当の「顧客満足」であり「スタッフ満足」だと僕は思うんです。


また、ある哲学書を読んでいたら、こんな主旨の言葉がありました。

「人生の成功とは概ね、他人といい関係をつくれることだ」

その通りだと思います。スタッフとのいい関係、そのご家族、お客さま、取引先、地域の人。周りの人といい関係をつくり、周りの人の少しでもお役に立てることが大切なのです。


僕は元々が不良でヤンキーでどうしようもない人間で、他人に迷惑ばかりかけてきたので、よけいに、いい関係をつくって、そんな自分でもこうやっていろんな人のために仕事させてもらっていることで恩返しをしないといけないと思っています。

それは経営者だとか立場といったものを超えて「人として」やらないといけないもの

です。僕の会社のスタッフもいろんな厳しい経験、大変な想いをしてきてる子もいますが、その子たちもみんな成長させ成功させてやりたい。

僕はゲーテの「星のごとく急がず、しかも休まず」という言葉がすごく好きです。そうありたい。

急がなくてもいいから一人ひとりがもれなくちゃんと育って、それが続いていく会社でありたい。瞬間的に良くても意味がない。継続すること、続けていくことこそが会社の使命なのですから……。

僕は23歳で独立して店を作りました。そして創業35年を越え、そのときからのスタッフはもう50代。20年後はもう僕も含めてみんなが高齢者と呼ばれる年代です。だから、僕たちの会社は終身雇用だけではなく、ゆくゆくは介護施設などをつくって死ぬまで共に生きていこうと考えています。そういうビジョンを立てています。

だからペイン・シェアリング（痛みを分かち合える）ができる。今、苦しいけどビジョンが明確だから、みんなで痛みを分かち合える。それができる会社をつくっていきたいのです。今は辛くキツくとも共にがんばり、人生の勝利者になろう、そんな気持ちで日々がんばっているのです。

最後になりましたが、この「人が育つ64のゴールデンルール」を何年もかけてつくり上げていくのに、共に考えアドバイスをしてくれた親友の北田礼次さんに心から感謝と敬意を捧げたい。

また未熟な僕を導いてくれている大久保寛司先生、力石寛夫先生、山崎宣次先生にも感謝の気持ちでいっぱいです。

また、自分より格上の存在でなんでも直言してくれる幕賓である伊藤豊さん、西川敬一さんにも感謝をお伝えしたい。また、全国におられる尊敬する経営者の先輩方にも……、全国にいる「敬愛塾」の仲間たちにも……。

そして、バグジーを支えてくれている関連各社のみなさま、郷土北九州のみなさん、そして、友人後輩たち、そして何より大切なバグジースタッフのみんな……。そして身勝手な僕を支え見守ってくれた家族に心から心から「ありがとうございます」と伝えたい。本当に人生とはひとりでは何ひとつできないことを心に刻み、これからも努力して生きていきます。
そして、この拙い内容に光りをあて、出版してくださった内外出版社の小見敦夫さん、編集の関根真司さん、スタッフのみなさんに心から感謝申し上げます。

2019年7月

久保華図八

久保 華図八　くぼ かずや

バグジー代表取締役社長。15歳で美容業界に入り23歳で独立するが、技術を磨くために渡米。帰国後、北九州市で繁盛店を築く。幹部社員の相次ぐ退職という危機を社員一丸となって乗り越え、社員重視・お客様本位の経営で事業を成長させる。北九州市を拠点に美容室5店舗のほか、カフェ、エステサロンなどを展開。大手企業や各種団体などで年間100回以上の講演を行っている。2009年、サービス産業生産性協議会『ハイ・サービス日本300選』受賞、13年、経済産業省『おもてなし経営企業選』受賞。著書に『経営者には、幸せにするべき5人の人がいる』（日経BP社）、『ひとり光る みんな光る』（致知出版社）などがある。

人が育つ
ゴールデンルール64

発行日　　2019年8月4日　第1刷
著　者　　久保 華図八
発行者　　清田 名人
発行所　　株式会社 内外出版社
〒110-8578　東京都台東区東上野2-1-11
電話 03-5830-0237（編集部）
電話 03-5830-0368（企画販売局）
印刷・製本　中央精版印刷株式会社

Kazuya Kubo 2019 printed in japan
ISBN 978-4-86257-438-1